The Church Organizer/ El Organizador De Iglesias

(Updated/Actualizado)

Policies and Procedures
Pólizas (Políticas) y Procedimientos

In English and Spanish
En Inglés y Español

Paul E. Bellini, CPA, MS &
Janice L. Bellini, Notary Public

For more information or to buy this publication contact the numbers below.
Póngase en contacto con la información de abajo para comprar esta publicación, o para más información.

CONTACT INFORMATION - DATOS DE CONTACTO:
Paul E. Bellini, CPA, MS
Taxaccounting Educators, Corp. & Taxaccounting Resources, LLC
521 Route 111 (Suite 310), Hauppauge, NY 11788
Phone/Teléfono: 631-361-8111 – Fax 631-361-2016

Web: taxaccountingllc.com
email: paul.bellini@cpa.com

Order this book online at www.trafford.com
or email orders@trafford.com

Most Trafford titles are also available at major online book retailers.

Print information available on the last page.

ISBN: 978-1-4907-9690-1 (sc)
ISBN: 978-1-4907-9691-8 (e)

Because of the dynamic nature of the Internet, any web addresses or links contained in this book may have changed
since publication and may no longer be valid. The views expressed in this work are solely those of the author and do
not necessarily reflect the views of the publisher, and the publisher hereby disclaims any responsibility for them.

Cover and Art Design/Tapa y Diseño: Janice L. Bellini

Scripture quotations marked NIV are taken from the *Holy Bible, New International Version®. NIV*®. Copyright © 1973,
1978, 1984 by International Bible Society. Used by permission of Zondervan. All rights reserved. [Biblica]

Trafford rev. 08/27/2019

North America & international
toll-free: 1 888 232 4444 (USA & Canada)
fax: 812 355 4082

ABOUT THE AUTHORS

Paul E. Bellini, is a Certified Public Accountant (CPA) and has a Master's degree in taxation from Long Island University. As a CPA he worked for large fortune 500 companies and top CPA firms (Deloitte-Big Four). In addition, from being a public speaker offering Accounting and Tax conferences all over the United States, he is also a college professor in the New York State area. He founded Taxaccounting Resources, LLC, where he helps churches, non-profits, individuals and businesses with all their accounting and tax needs. Paul E. Bellini, also founded Taxaccounting Educators Corp., a non-profit, where he published his first Financial and Tax Manual in 2014. Taxaccounting Educators, Corp. continues to serve Churches and Non-profits through conferences, publishing educational materials and provides training and advice to many Pastors, Leaders, and Board of Directors. Paul E. Bellini, has also appeared on many financial and tax talks on numerous radio programs and other organizations.

Janice L. Bellini, a graduate of the Fashion Institute of Technology, holds a degree in Business and Marketing. She is an artist who founded Bible Popart, which offers all kinds of Christian art and has presented her work in many Art shows. She was also a Fashion Director for fifteen years for several corporations in New York City. In her later years she began working for Taxaccounting Resources LLC and Taxaccounting Educators, Corp. helping many churches and nonprofit institutions, and corporations start their organizations. Janice Bellini holds a notary public license and assists many individuals with their business needs.

Janice and Paul Bellini, also founded Bellini Vocational Resources, LLC to provide to all type of students the knowledge and expertise in the areas of Business and Art.

SOBRE NUESTROS AUTORES

Paul E. Bellini, *es un Contador Público y Certificado y tiene una Maestria en Impuestos de Long Island University. Trabajó como Contador y Director de grandes empresas privadas, públicas (Fortune 500) y en una de las firmas de contadores más grandes del mundo (Deloitte-Big Four) y aparte de ser conferencista en el área de Contable e Impositiva es profesor universitario del estado de Nueva York. Paul E. Bellini, fundo Taxaccounting Resources, LLC, una firma de contabilidad e impuestos que ayuda a administrar iglesias y asimismo a toda clase de individuos y negocios con todas las necesidades contables e impositivas que estas tengan. También fundo Taxaccounting Educators Corp., una entidad sin fines de lucro, donde publico su primer manual en 2014, y esta entidad sigue publicando materiales educativos y brindando entrenamiento y asesoramiento a muchas iglesias y entidades sin fines de lucro. Paul E. Bellini, también ha sido invitado a charlas financieras e impositivas en numerosos programas radiales y otras organizaciones.*

Janice L. Bellini, *graduada de Fashion Institute of Technology con un grado de Administración y Marketing, es un artista que fundo Bible Popart, que ofrece toda clase de arte cristiano. También fue directora de diseño y Modas por quince años para corporaciones en la ciudad de Nueva York. También en sus últimos años empezó a trabajar para Taxaccounting Resources, LLC ayudando también a Iglesias, instituciones sin fines de lucro, corporaciones e individuos a empezar sus instituciones. Janice Bellini tiene su licencia de Notaria pública, y asiste también a varios individuos y negocios con toda clase de trámites.*

Paul E. Bellini y Janice L. Bellini, también fundaron Bellini Vocational Resources, LLC, una organización educativa que brinda toda clase de cursos de Negocios y Arte.

TAX DISCLAIMER

CIRCULAR 230

To ensure compliance with requirements imposed by the IRS, and US Treasury regulations (circular 230), we inform you that if any U.S. federal tax advice is contained in this communication, (including any attachments) is not intended or written to be used, and cannot be used, for the purpose of (i) avoiding penalties under the Internal Revenue Code or (ii) promoting, marketing or recommending to another party any transaction or matter addressed herein.

LEGAL NOTICE DISCLAIMER

It is important to explain that the policies and forms presented in this book are only examples and reference guides and information may be missing due to the characteristics of the organization and the particularity of the cases. For this reason, before filing any forms or adopting any policy, you should consult with a lawyer and a CPA that specializes in these areas.

Also, we want to clarify that we are not providing legal counsel or legal advice and because there is a title of a Notary Public on the author, and to be in compliance with the law, we need to write the following statement: "I am not an attorney licensed to practice law and may not give legal advice about immigration or any other legal matter or accept fees for legal advice."

This book is updated for the new and mandatory sexual harassment policies, child protection and the new laws of same sex marriages. Included are some forms prepared for churches or ministries so they may not be forced to marry people of the same-sex. The information provided in this publication regarding same-sex marriage was collected and based on the advice of several pastors and religious ministers. Taxaccounting Educators, Corp. is an educational organization and not religious and therefore, has no opinion concerning same-sex marriages. This means that Taxaccounting Educators, Corp neither supports nor disagrees with these new laws. As mentioned previously, we are not providing legal advice or counsel on these matters.

AVISO DE EXENCIÓN DE RESPONSABILIDAD - IMPOSITIVA

CIRCULAR 230

Para estar en cumplimiento con las regulaciones del IRS y del Departamento de Tesorería de los Estados Unidos (Circular 230), los CPA, abogados y otros profesionales deben redactar en cualquier documento público o privado que escriban, el siguiente párrafo:

"Le debemos informar que, si en esta publicación hay consejos impositivos con respecto al IRS, no están escritos con la intención de que se puedan usar para: 1) evitar penalidades bajo el código del IRS ni 2) utilizar para promoción o marketing propio o de terceros con el fin de evadir impuestos".

AVISO DE EXENCION DE RESPONSABILIDAD LEGAL

Es importante explicarle que estas pólizas y formularios presentados en este libro son solo ejemplos y guía de referencia únicamente y puede ser que falte información debido a las características de la organización y la particularidad de los casos. Por esta razón, antes de ser completados y formalmente firmados o poner las pólizas en vigencia, se debe consultar con un abogado y un CPA que este especializado en estas áreas. También, queremos aclarar que no estamos dando ningún consejo legal, o asesoría legal. Para estar en cumplimiento con la ley también tenemos que indicarle que por más que haya un título de Notario Público, tenemos que avisarles que este título no está facultado para ejercer la profesión de abogado y no puede brindar asesoría legal sobre inmigración o ningún otro asunto legal como tampoco puede cobrar honorarios por la asesoría legal.

Este libro también esta actualizado con las nuevas leyes mandatarias sobre acoso sexual, protección de niños y por las nuevas leyes de matrimonios del mismo sexo. Los formularios muestran información que las Iglesias pueden adaptar para que estas no estén obligadas a casar personas del mismo sexo. Esta información fue recopilada y basada en consejos de varios pastores y ministros religiosos. Taxaccounting Educators, Corp. es una organización educativa y no religiosa y por consiguiente no tienen ninguna opinión respecto a esto, ni tampoco muestra ningún apoyo o desacuerdo con estas nuevas leyes. Como mencionamos anteriormente, tampoco estamos dando ningún consejo o asesoría legal.

INTRODUCTION

This bilingual publication is printed in four parts. The first part (Part I - A) shows in the English language all the policies, procedures, and some practical forms so that the church or ministry can be organized more efficiently. The next section of this book (Part I- B), presents the same information that is in Part I-A, but in the Spanish language. The second part (Part II) includes some practical forms that will help the church or ministry with their administrative, accounting and tax matters. The third section of this publication, Part III includes accounting forms so the church or ministry can keep track of their income and expenses. Part IV are appendixes for additional policies and forms.

As we mentioned in the previous pages, this publication is for educational purposes only, and no policy should be put into force or any form should be completed unless the church or ministry consults with their Certified Public accountant (CPA) or lawyer. Also, depending on the church or ministry's situation there may be many other policies that they must implement, however, here, we are only presenting the most essential policies that we feel are suitable for accounting and tax matters. The laws of the United States are also constantly changing, so it is possible that at the time that you purchase this publication, this may not have these updates.

We hope that this publication proves to be of great help and a blessing for you, and your church or ministry so all can be in compliance with what the Bible says in 1st Corinthians 14:40 (NIV) "but everything should be done in a fitting and orderly way." If you would like more information, we invite you to contact us. We wish you God's abundant blessings for your church and ministry.

INTRODUCCIÓN

Esta publicación bilingüe está impresa en cuatro partes. La primera parte (Parte I - A) muestra todas las pólizas, procedimientos y ciertos formularios prácticos para que la iglesia o ministerio pueda organizar más eficiente sus operaciones. La sección siguiente de este libro (Parte I – B) muestra la misma información de la Parte I – A, pero en el lenguaje español. La segunda parte (Parte II) incluye algunos prácticos formularios que ayudara a la iglesia o el ministerio en la parte administrativa, contable y tributaria. La tercera sección, parte III, está dedicada a presentar formularios contables para mostrar todas las entradas y salidas de la organización. La última sección parte IV son apéndices con pólizas o políticas actualizadas y nuevos formularios.

Como mencionamos en las páginas anteriores, esta publicación es por propósitos educativos únicamente, y ninguna póliza se debe poner en vigor o ningún formulario se debería llenar al menos que la iglesia o ministerio consulte a un contador certificado (CPA) o abogado. También las iglesias dependiendo de su situación deberían tener muchas más pólizas, pero en esta publicación solamente presentamos las que del punto de vista contable e impositivo serían las más esenciales. También las leyes de los Estados Unidos están en constante cambio, por eso es posible que al momento de que Ud., adquiera esta publicación, este libro no esté actualizado.

Esperamos que lo que escribimos sea de una ayuda y una bendición para Ud. su iglesia o ministerio para que puedan cumplir lo que dice la biblia en 1ª Corintios 14:40(NVI) que dice: "Pero todo debe de hacerse de una manera apropiada y con orden." Si quiere más información lo invitamos que se contacte con nosotros y esperemos que Ud., su iglesia o ministerio sean bendecidos abundantemente.

PART I-A
ENGLISH VERSION

INDEX

CHAPTER 1

HANDLING CASH CONTRIBUTION POLICY

PURPOSE

The purpose of this Handling Cash Contribution Policy is to minimize the risk of embezzlement and to maintain a good internal control for the Church.

PROCESS

The Church should have a non-movable safe with a combination code or keys where all cash (including petty cash) should be stored, and the room where the safe is located should be locked at all times.

The person that has knowledge of the safe code or has the keys to the safe should not be part of the counting process; neither should they have the keys of the room to the safe.

Before counting the cash offerings, the Church should prepare a schedule (Offering form*) with the location and date of the offering and with the following additional information:

- Name and positions of the individuals counting and supervising the offering process.
- At least two unrelated individuals counting the offerings and if possible, a third individual should be watching the persons counting the offerings.
- The type of currency received, either in checks, bills, or coins.

- Date and time the cash is deposited or removed from the safe.
- Signatures of the individuals counting or observing the process.

Once the offering is counted, a deposit slip should be prepared and the cash should be immediately be put into the safe in a sealed bag.

When the cash is removed from the safe to be sent to the bank, two people should be present and count the cash again and acknowledge the money that was in the bag. When transporting the money to the bank, two people should be present and these individuals should make sure they receive a stamped receipt from the bank. This receipt should be returned to the Church and match against the offering log.

All employees or volunteers handling cash should have a criminal background check and be rotated periodically. Also, cameras should be installed focusing the counting process and the safe.

Our Church/Ministry adopts this policy for the current year and all succeeding years until amended or rescinded:

_____
Signature of Officer/Corporate Seal/Date   *See Overseas Offering Form on Part II

CHAPTER 2

ANTI-TERRORISM POLICY FOR OVERSEAS OFFERINGS

PURPOSE

The purpose of this policy is to comply with Executive Order 12947 and its annex 13099 and order 13224 issued by our former presidents Bill Clinton and President G. W. Bush. The purpose of these executive orders was to block certain transactions between US persons, including corporations (profit and non-profits (Churches) and persons or corporations who commit, threaten to commit or support terrorism.

FUNDS OVERSEAS

Our Church, as part of our mission statement and purpose will sometimes donate funds for the needy to different countries, or may send funds overseas to build other churches for the purposes of preaching the gospel. Sometimes these organizations or individuals may not have qualified for tax exempt status in the United States.

However, Revenue Ruling 68-489, 1968-2 C.B. 210 indicates that:

Exempt organizations under section 501(c)(3) of the Internal Revenue Code may engage in activities overseas and give money and support to foreign organizations that have not qualified for tax exempt status in the United States of America. The Code reads as follows:

"An organization will not jeopardize its exemption under section 501(c) (3) of the Code, even though it distributes funds to non-exempt organizations, provided it retains control and discretion over use of the funds for section 501(c) (3) purposes" However it must meet the following requirements:

1. As acknowledged in the Articles of Incorporation, any activities and support of foreign associations should be to advance the goals of the Church/Ministry.
2. The Church/Ministry must maintain organized records to prove all funds are used appropriately for Section 501(c)(3) purposes.
3. In maintaining these records, the Church/Ministry must control the allocation of funds with good judgment and character and;
4. The Church/Ministry must show proof of the specific projects that are individualized to advance the purposes of the Organization's exempt purposes.

Effective immediately, our Church/Ministry will comply with this Anti-Terrorism Policy for all International Activities and shall remain in effect perpetually unless rescinded or amended.

Our Church will also make every effort to be in compliance and up to date to review the list and data provided by the U.S. Dept. of State as found in the "Specially Designated Nationals and Blocked Person List" and "List of Sanctioned Countries."

As of this date, the following countries support terrorism or are either part of a blocked person list or may have sanctions: Balkans, Belarus, Burma, Ivory Coast, Cuba, Republic of the Congo, Iran, Iraq, Lebanon, Libya, North Korea, Somalia, Sudan, Syria, Ukraine, Venezuela, and others.

Furthermore, our church should request the following information from the organization or individual that money will be sent*:

- The Church/Ministry's name must be clear in its native language and translated in English, and be clear on all other information pertinent to identifying it.
- Address where the foreign organization is located and any other location affiliated with the Church/Ministry.
- Contact name (s), position(s), address and phone number(s) and email(s).
- Copies of the Church's documents and approval by government authorities.
- The addresses and telephone numbers for the Church's offices.
- The Church/Ministry's principal purpose and mission.
- Description of the Church/Ministry's needs.
- Documents proving that the Church is in need (pictures, documents, etc.)

- The full names, addresses and other identifying information of the individuals in charge of the organization.
- Financial institutions or banks where the funds will be deposited.
- The names and addresses of its pastors, board of trustees, employees, contractors and subcontractors or other responsible persons.
- A written agreement describing how the funds will be used and how the funds will further our 501 (c) (3) purposes of our Church/Ministry.
- Proof that the funds were expended as needed.

Our Church/Ministry adopts this policy for the current year and all succeeding years until amended or rescinded:

_____

Signature of Officer/Corporate Seal/Date   *See Overseas Offering Form on Part II

CHAPTER 3

BENEVOLENCE POLICY

PURPOSE

The purpose of this Benevolence Policy is to set forth the guidelines and procedures for authorizing disbursements that are classified as benevolence or charitable contributions.

The funds for benevolence are to provide for the basic necessities of life to persons in need.

TYPE OF DISBURSEMENTS

Disbursements may be in the form of food, clothing, shelter, medical care, financial support or any other type of assistance. Although the intention of the benevolence fund may be a onetime gift, in unusual circumstances, the benevolence committee may decide to help more than once.

TAXES

Benevolence is a non-taxable charitable contribution in order to alleviate the hardship of the individual in need. In addition, benevolence should not be returned. However, if an individual wish to return the funds as a token of appreciation for the benevolence, then the Church should inform the individual to only make a regular offering contribution to the general fund. Again, under no circumstances, the individual has the obligation to return this offering.

CRITERIA

The following criteria must be met for a disbursement of benevolence to be met:

I

Individuals receiving benevolences must also be willing to receive financial and/or spiritual counseling.

II

Individuals should either be church members, regular attendees, members of the community, ministries or ministers, employees of the Church, or any other individual that the benevolence committee feels is qualified for receiving benevolences.

III

The factors that may qualify for benevolence are but not limited to, a death in the family, loss of employment, medical condition, critical injury due to accidents, or severe hardship resulting from a natural disaster, (hurricane, fire, etc.).

IV

Benevolence should not be approved for private school tuition, legal fees, business investments, credit card payments (unless the payment is for an emergency situation, such as medical, death, etc.), penalties for taxes, or any violation of the law.

PROCESS:

1) All Benevolence requests must be made by filling out the benevolence card.
2) All requests will be reviewed and approved by the Board.
3) The Board will then determine how much and what type of benevolence should be distributed, and/or if an additional benevolence is necessary.
4) The amount determined may be supported by documentation in order to comply with IRS requirements. When the amount cannot be determined, for example, food or medicine for a family, then a reasonable basis should be provided.

Our Church/Ministry adopts this policy for the current year and all succeeding years until amended or rescinded:

_____

Signature of Officer/Corporate Seal/Date

CHAPTER 4

EXPENSE REIMBURSEMENT POLICY

PURPOSE

The purpose of this Policy and Accountable Plan is to be in compliance with the law of the Treasury Regulation 1.62-2, upon the following terms and conditions:

I) Employees of our Church (and in certain situations non-employees or contractors) shall be reimbursed for any ordinary and necessary business and professional expenses incurred on behalf of the Church only if the expenses are adequately documented, supported and accounted for as required by our Church or Ministry. Policy on expense reimbursements*:

> *According to the Internal Revenue Code, and IRS Regulations, "adequately accounted" for means providing the Church with a statement of expense, an account book, a diary, or a similar record in which you entered each expense at or near the time you had it, along with documentary evidence (such as receipts) of your travel, mileage, and other employee business expenses.*

II) Under no circumstances will our Church reimburse employees or any other individuals for business or professional expenses incurred on behalf of our Church/Ministry that are not properly substantiated. Our Church/Ministry and employees understand that this requirement is necessary to prevent our expense reimbursement plan from being classified as a "non-accountable" plan. If a non-employee does not properly account to our Church for his or her expenses, the individual will not be reimbursed.

III) Advances for ordinary and necessary business and professional expenses shall not be issued more than 30 days prior to the anticipated expense.

IV) All expenses must be substantiated within a reasonable period of time. If the Church wants to qualify for the "fixed date" safe harbor substantiation rule, then it must be 60 days or less after the expense is paid or incurred.

V) Advances that are not substantiated within a reasonable period of time must be returned (paid back) within a reasonable period of time. If the Church wants to qualify for the "fixed date" safe harbor substantiation rule, then the advance should be returned within 120 days or less after the expense was paid or incurred.

Our Church/Ministry adopts this policy for the current year and all succeeding years until amended or rescinded:

_____

Signature of Officer/Corporate Seal/Date
*See Expense Reimbursement Form on Part II

CHAPTER 5

TRAVEL REIMBURSEMENT POLICY

PURPOSE

The purpose of this Travel Policy and Accountable Plan is to be in compliance with the IRS laws Publication 15, (Circular E) and Publication 535, which include the following three terms and conditions*:

1) The travel expenses must have been incurred or paid while performing services for the Church as an employee.
2) The expenses must be substantiated within a reasonable period of time.
3) Any amount in excess of substantiated expense must be returned within a reasonable time.

The reimbursements which are paid under this accountable plan, are not considered wages, and they are not subject to withholding taxes.

If the travel expenses do not meet the above three requirements, then this will be considered income or wages to the individual, and therefore, subject to withholding taxes.

All travel must be approved by the Sr. Pastor or the Board of Directors.

The person traveling or incurring the expense must complete the reimbursement form prepared by this Church.

The Travel Form must also have all supporting documentation, as well as approval signatures.

If the Church will reimburse for car mileage for the use of their personal car, it will be at the standard business mileage promulgated by the IRS for the current year.

Our Church/Ministry adopts this policy for the current year and all succeeding years until amended or rescinded:

_____

Signature of Officer/Corporate Seal/Date
*See Travel Form on part II

CHAPTER 6

CELL PHONE USE AND REIMBURSEMENT POLICY

PURPOSE

To establish a Policy for cell phone use and compensation allowance and maintain compliance with the IRS regulation under Section 280F.

Our Church/Ministry adopts the Cell Phone Use and Reimbursement Policy for the current year and all succeeding years until amended or rescinded.

Policy – Church providing cell phones:

The Board of Trustees will authorize which individuals the Church may supply a wireless phone where the Church will pay for all the charges.

The cell phones are required for employees, pastors, deacons or any member that has a ministry position in the Church.

The purpose of providing a cell phone to individuals is as follows:

- for the convenience of the Church/Ministry

- for the individuals to properly perform their jobs, and
- provided for the following substantial non-compensatory business reason(s):
    1. Immediate access to the employee; or
    2. The employee's office telephone is inadequate, as he or she is away from his or her desk frequently during office hours.

Individual being reimbursed for cell phone plans

The Board of Trustees will also authorize which individuals will be eligible to receive reimbursement for their cell phone plans. The reason for reimbursement of cell phone plans are the same as outlined above.

Responsibilities of the individual receiving cell phone benefits

Individuals receiving cell phone benefits either by the Church providing cell phones to them, or receiving reimbursements for their phone use must comply with the following responsibilities:

1. Applicable laws regarding the use of the cell phone while driving and avoid cell phone use that may jeopardize the safety of the individual. (Text and Drive/Hands-Free)
2. Acknowledge that cell phone transmissions are not secure and that discretion should be used in relaying confidential information.
3. Cellular telephones may not be used to defame, harass, intimidate, threaten any person, or be used in any illegal, illicit or offensive manner.
4. The individual agrees to sign and date the Cell Phone Policy for cell phones provided by the Church.

Our Church/Ministry adopts this policy for the current year and all succeeding years until amended or rescinded:

_____

Signature of Officer/Corporate Seal/Date

CHAPTER 7

INTERNET AND EMAIL USAGE POLICY

PURPOSE

To establish a policy that will protect our Church or Ministry in the areas of internet use and emails.

Disclaimer:

The internet and email service provides access to a wide range of resources, many of them are not controlled by the government, and therefore our Church or Ministry cannot be responsible for the content, or nature or quality of information obtained thru the internet or emails, and in no event shall the Church or Ministry have any liability arising from the usage of the internet or emails. In addition, in the event minors access the internet or emails, their parents or guardians agree to assume full legal and financial liabilities.

Policy – Responsibilities of internet and email users in our Church or Ministry

The Board of Trustees will authorize which individuals may use the internet in our Church or Ministry.

The purposes of using the internet in our Church or Ministry is for the convenience of the Church/Ministry.

The internet and email are required for employees or members of the Church to properly perform their jobs more productive and accurately.

Individuals accessing the Church internet or emails must comply with all applicable laws, and acknowledge that internet and email may not be secure and that discretion should be used in providing or accessing confidential information. In addition, the individual agrees to sign and date the agreement provided for the Church or Ministry, and **SHOULD NOT**:

1. Use the internet or email services in a way that violates local, state or federal law. Illegal acts performed thru the internet or email may be subject to prosecution by the Church or Ministry and by local, state or federal officials. Electronic gambling is strictly prohibited by this policy.
2. Post, transmit, access, or display of obscene and illegal material. This includes sending, receiving, or displaying inappropriate materials, defined as text or graphics.
3. Use the service for illegal or criminal purpose or to harass or defame others.
4. Violate copyright laws or software licensing agreements.
5. Use sounds or visuals which may be disruptive to others.

The individual agrees to sign and date the Internet and Email Usage Policy provided by the Church.

Our Church/Ministry adopts this policy for the current year and all succeeding years until amended or rescinded:

_____

Signature of Officer/Corporate Seal/Date

CHAPTER 8

HOUSING ALLOWANCE – RESOLUTION

On _____(date) the Board of Trustees of our Church/Ministry, met for its annual meeting.

The following Trustees were present:

_____

_____

_____

_____

And **RESOLVED,** that the Official Board of Trustees hereby authorizes the establishment of a line item in the Church budget to provide for the present and future requirements of the Pastor.

RESOLVED FURTHER that the designation of $_____as a Housing or Parsonage Allowance shall apply until _____.

CERTIFICATE OF SECRETARY

The foregoing is a true copy of a resolution duly adopted by the Official Board at a meeting held on _____ and entered into the Minutes of such meeting in the corporation's Corporate Book. The resolution is in accordance with the Articles of Incorporation of this Corporation that is now in force and in effect.

Our Church/Ministry adopts this resolution for the current year and all succeeding years until amended or rescinded:

IN WITNESS WHEREOF, I have signed my name and affixed the seal of said Corporation this_____ day of _____.

_____

Signature of Officer/Corporate Seal/Date

CHAPTER 9

INDEMNIFICATION POLICY

PURPOSE

The purpose of this Indemnification Policy is to protect our Pastoral Staff, Board of Trustees, Officers, Directors, Elders, Deacons, Ministers and Business Administrators from incurring out of pocket costs if they are sued in connection with their work on behalf of the organization.

The Church/Ministry shall, to the degree lawfully acceptable, indemnify and hold harmless any and all Pastoral Staff, Board of Trustees, Officers, Directors, Elders, Deacons, Ministers and Business Administrators for any expenses actually and necessarily incurred in connection with any lawsuit, legal action or proceedings against said Pastoral Staff, Board of Trustees, Officers, Directors, Elders, Deacons, Ministers and Business Administrators.

This indemnification should include costs for attorney fees, judgment fines, excise taxes, penalties and settlement payments actually and reasonably incurred by that person in connection with such lawsuit, legal action or proceedings.

Persons who are Pastoral Staff, Board of Trustees, Officers, Directors, Elders, Deacons, Ministers and Business Administrators promise to repay the Church all the above costs if it is proven by clear and convincing evidence that the persons who are Pastoral Staff, Board of Trustees, Officers, Directors, Elders, Deacons, Ministers and

Business Administrators conducted themselves, in a deliberate intent to injure the Church/Ministry's best interests.

Our Church/Ministry adopts this policy for the current year and all succeeding years until amended or rescinded:

_____

Signature of Officer/Corporate Seal/Date

CHAPTER 10

CONFLICT OF INTEREST POLICY

Article I

PURPOSE: The purpose of this Conflict of Interest Policy is to protect this tax-exempt Church/Ministry's interest when it is contemplating entering into a transaction or arrangement that might benefit the private interest of an officer or director of the Church/Ministry or might result in a possible excess benefit transaction. This Policy is intended to supplement, but not replace any applicable state and federal laws governing conflict of interest applicable to nonprofit and charitable organizations.

Article II

<u>Definitions</u>

1. *Interested Person*

Any Director, Principal Officer, or Member of a committee with governing board delegated powers, who has a direct or indirect financial interest, as defined below, is an interested person.

If a person is an interested person with respect to any entity in the Church* or Ministry system of which the organization is a part, he or she is an interested person with respect to all entities in the Church* or Ministry system.

2. *Financial Interest*

A person has a financial interest if the person has, directly or indirectly, through business, investment, or family:

a. An ownership or investment interest in any entity with which the Church/Ministry has a transaction or arrangement,

b. A compensation arrangement with the Church/Ministry or with any entity or individual with which the Church/Ministry has a transaction or arrangement, or

c. A potential ownership or investment interest in, or compensation arrangement with, any entity or individual with which the Church/Ministry is negotiating a transaction or arrangement.

Compensation includes direct and indirect remuneration as well as gifts or favors that are not insubstantial. A financial interest is not necessarily a conflict of interest. A person who has a financial interest may have a conflict of interest only if the appropriate governing board or committee decides that a conflict of interest exists.

Article III

Procedures

1. *Duty to Disclose*

In connection with any actual or possible conflict of interest, an interested person must disclose the existence of the financial interest and be given the opportunity to disclose all material facts to the Trustees and Members of committees with governing board delegated powers considering the proposed transaction or arrangement.

2. *Determining Whether a Conflict of Interest Exists*

After disclosure of the financial interest and all material facts, and after any discussion with the interested person, he/she shall leave the governing board or

---

* This policy is a sample provided by the IRS, and for easy reference we have adapted the Policy to churches and replaced the word "health system" that was quoted in the IRS sample to read "Church/Ministry system".

committee meeting while the determination of a conflict of interest is discussed and voted upon. The remaining Board or Committee Members shall decide if a conflict of interest exists.

3. Procedures for Addressing the Conflict of Interest

a. An interested person may make a presentation at the governing board or committee meeting, but after the presentation, he/she shall leave the meeting during the discussion of, and the vote on, the transaction or arrangement involving the possible conflict of interest.
b. The Chairperson of the governing board or committee shall, if appropriate, appoint a disinterested person or committee to investigate alternatives to the proposed transaction or arrangement.
c. After exercising due diligence, the governing board or committee shall determine whether the Church/Ministry can obtain with reasonable efforts a more advantageous transaction or arrangement from a person or entity that would not give rise to a conflict of interest.
d. If a more advantageous transaction or arrangement is not reasonably possible under circumstances not producing a conflict of interest, the governing board or committee shall determine by a majority vote of the disinterested Trustees whether the transaction or arrangement is in the Church/Ministry's best interest, for its own benefit, and whether it is fair and reasonable. In conformity with the above determination, it shall make its decision as to whether to enter into the transaction or arrangement.

4. Violations of the Conflict of Interest Policy

a. If the governing board or committee has reasonable cause to believe a member has failed to disclose actual or possible conflicts of interest, it shall inform the member of the basis for such belief and afford the member an opportunity to explain the alleged failure to disclose.
b. If, after hearing the member's response and after making further investigation as warranted by the circumstances, the governing board or committee determines the member has failed to disclose an actual or possible conflict of interest, it shall take appropriate disciplinary and corrective action.

Article IV

Records of Proceedings

The minutes of the governing board and all committees with board delegated powers shall contain:

a. The names of the persons who disclosed or otherwise were found to have a financial interest in connection with an actual or possible conflict of interest, the nature of the financial interest, any action taken to determine whether a conflict of interest was present, and the governing boards or committee's decision as to whether a conflict of interest in fact existed.
b. The names of the persons who were present for discussions and votes relating to the transaction or arrangement, the content of the discussion, including any alternatives to the proposed transaction or arrangement, and a record of any votes taken in connection with the proceedings.

Article V

Compensation

a. A voting member of the governing board who receives compensation, directly or indirectly, from the Church/Ministry for services is precluded from voting on matters pertaining to that member's compensation.
b. A voting member of any committee whose jurisdiction includes compensation matters and who receives compensation, directly or indirectly, from the Church/Ministry for services is precluded from voting on matters pertaining to that member's compensation.
c. No voting member of the governing board or any committee whose jurisdiction includes compensation matters and who receives compensation, directly or indirectly, from the Church/Ministry, either individually or collectively, is prohibited from providing information to any committee regarding compensation.

Article VI

Annual Statements

Each Director, Principal Officer and Trustee of a committee with governing board delegated powers shall annually sign a statement which affirms such person:

a. Has received a copy of the Conflict of Interest Policy,
b. Has read and understands the policy,
c. Has agreed to comply with the policy, and
d. Understands the Church/Ministry is charitable and in order to maintain its federal tax exemption, it must engage primarily in activities which accomplish one or more of its tax-exempt purposes.

Periodic Reviews

To ensure the Church/Ministry operates in a manner consistent with charitable purposes and does not engage in activities that could jeopardize its tax-exempt status, periodic reviews shall be conducted. The periodic reviews shall, at a minimum, include the following subjects:

a. Whether compensation arrangements and benefits are reasonable, based on competent survey information and the result of arm's length bargaining.
b. Whether partnerships, joint ventures, and arrangements with management organizations conform to the Church/Ministry's written policies, are properly recorded and reflect reasonable investment or payments for goods and services.

Also, must further the Church/Ministry's charitable purpose and do not result in inurnment, impermissible private benefit or are in an excess benefit transaction.

Article VII

Use of Outside Experts

When conducting the periodic reviews as provided for in Article VII, the Church/ Ministry may, but need not, use outside advisors. If outside experts are used, their use shall not relieve the governing board of its responsibility for ensuring periodic reviews are conducted.

Our Church/Ministry adopts this policy for the current year and all succeeding years until amended or rescinded:

_____
Signature of Officer/Corporate Seal/Date

CHAPTER 11

WHISTLEBLOWER POLICY

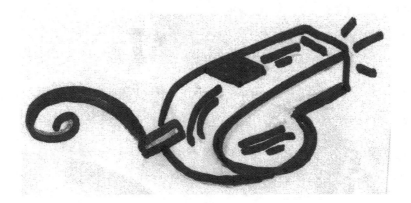

PURPOSE

The purpose of this Whistleblower Policy is to adhere to federal and state compliance standards that was included as part of the Sarbanes-Oxley Act that Congress enacted in 2002. Although our Church/Ministry is not a public corporation, our Church/Ministry will comply with this regulation in order to practice honesty, integrity in fulfilling our responsibilities, sound governance and exercise prudent risk management.

NO RETALIATION

This is a policy that prohibits our Church/Ministry from retaliating against employees who on good faith report an ethic violation, or a suspected violation of law, such as a complaint of discrimination, or suspected fraud, or suspected violation of any regulation governing the operation of the Church or the Church's accounting practices. The Church/Ministry will assign a position of a Compliance Officer who will be the person responsible to assure that this policy will be fulfilled.

REPORTING PROCEDURES

Our Church has an open-door policy and suggests that any employee, volunteer or member share their questions, concerns, suggestions or complaints with their supervisor, elder or deacon. If the individual who, in good faith, raised their concern or question is not satisfied with the Supervisor's, Elder's, or Deacon's response, the individual is encouraged to speak with a Director or a legal Trustee of the Church/

Ministry or the Senior Pastor. Employees, volunteers, or members may also submit their concerns in writing directly to the Compliance Officer, or to the President of the Church. (Sometimes the Sr. Pastor). Supervisors, Elders, Deacons, Directors, legal Trustees and Senior Pastors are required to report complaints or concerns about suspected ethical and legal violations in writing to the Compliance Officer that the Church assigned for these matters. The Compliance Officer will advise the President of the Church (or Senior Pastor) of all complaints and their resolution and will report this to the Board at their annual meeting or special meeting. The Compliance Officer is responsible to ensure that all concerns, complaints, illegal conduct, allegations, unethical behavior of any type are investigated and resolved as soon as possible.

In addition, the Compliance Officer will also notify the CPA or the audit committee of any concerns that relate to accounting matters or potential lawsuits.

Our Church/Ministry adopts this policy for the current year and all succeeding years until amended or rescinded:

_____

Signature of Officer/Corporate Seal/Date

CHAPTER 12

CAPITALIZATION AND DEPRECIATION POLICY

CAPITALIZATION POLICY

PURPOSE

The purpose of this accounting policy is to establish the minimum cost (capitalization amount) that shall be used to determine the capital assets that are to be recorded.

DEFINITION OF CAPITAL ASSETS

Capital Assets are defined as tangible or intangible assets that have an economic useful life that extends beyond twelve months, and was acquired or produced for a cost of $_____ or more. Capital Assets must be capitalized and depreciated for financial statements or bookkeeping purposes. In addition, the assets are of significant value.

METHODS OF CAPITALIZATION OF ASSETS

All capital assets are recorded at historical cost as of the date acquired or constructed. Tangible assets costing below the aforementioned threshold are not recorded as an asset, but as an expense for "the Church's annual financial statements or books. Alternatively, assets acquired that have an economic life of twelve months or less are required to be recorded as an expense for financial statement purposes, regardless of the cost of acquisition or cost of production.

CAPITALIZATION THRESHOLD

The Church establishes the following minimum capitalization thresholds for capitalizing fixed assets:

	Value
Class of Capital Asset	$_____ or more
Buildings and Improvements	$_____ or more
Land and Improvements	$_____ or more
Machinery & Equipment	$_____ or more
Vehicles	$_____ or more
Software	$_____ or more

Detailed records shall be maintained for all fixed assets above the established thresholds.

If assets are acquired through donations, the asset value will be the fair market value at the time of the donation. If assets are acquired by purchase, the value of the asset will be the initial cost plus the trade-in value of any old assets given up (if any), plus all costs related to placing the asset into operation. The cost of self-constructed assets will include all costs of construction.

DEPRECIATION POLICY

PURPOSE

This policy establishes the method of depreciation that should be utilized to depreciate capital assets and their estimated useful lives. The method of depreciation that should be used to depreciate capital assets over their estimated useful lives should be the "Straight- Line Method".

With the exception of Land (not depreciable) the estimated useful lives of the assets are as follows:

BUILDING & LAND IMPROVEMENTS:

Permanent Buildings	20-40 years (Years #____)
Building Improvements	Remaining Useful Life up to 40 yrs. (Years #____)
Building Additions	Remaining Useful Life up to 40 years (Years #____)

MACHINERY & EQUIPMENT

Vehicles (trucks, vans, etc.)   5-10 years (Years #_____)
Buses   5-15 years (Years #_____)
Kitchen Equipment/Other   5-10 years (Years #_____)
Computers   3-10 years (Years #_____)

SOFTWARE & INTANGIBLE ASSETS

Software   3-15 years (Years #_____)
Intangible Assets   3-15 years (Years #_____)

Depreciation will be calculated utilizing the "Half-Year Convention". One half of a full year's depreciation is allowed for the asset in its first year placed in service regardless of when it was actually placed in service during the year.

ASSET DISPOSITION

When the asset is disposed, sold or written down, the capital assets will be credited and the associated allowance for depreciation will be credited, and a corresponding income or expense account will be either debited or credited. The appropriate depreciation will be taken for the year of disposal.

Our Church/Ministry adopts this policy for the current year and all succeeding years until amended or rescinded:

_____

Signature of Officer/Corporate Seal/Date

NOTE: The method and lives of the above assets are suggested, but the Church/Ministry should always consult with their Attorney or CPA before implementing this policy.

CHAPTER 13

DOCUMENT RETENTION AND DESTRUCTION POLICY

PURPOSE

The purpose of this Document Retention and Destruction Policy is to adhere to Federal and State compliance standards that were included as part of the Sarbanes-Oxley Act that Congress enacted in 2002. The Act makes it a crime to alter, cover up, falsify, or destroy any document with the intent of impeding or obstructing any official proceeding.

Although our Church/Ministry is not a public corporation, our Church/Ministry will comply with this regulation in order to practice honesty, integrity in fulfilling our responsibilities, sound governance and exercise prudent risk management.

DOCUMENT RETENTION

Our Church/Ministry follows the document retention procedures outlined below:

Type of Document	Retention Period
Corporate and Exemption Records:	
Articles of Incorporation and Amendments	Permanent

Bylaws and Amendments	Permanent
All type of Minutes	Permanent
Annual Reports to Government Agencies	Permanent
Board Policies and Resolutions	Permanent
IRS Exemption Determination Letter and Exemption Application (1023)	Permanent
Employer Identification Number	Permanent
Form 8274 – FICA Exemption	Permanent

Accounting and Tax Records

Annual Audits and Financial Statements	Permanent
Depreciation Schedules	Permanent
General Ledger	Permanent
Accounts Payable and Accounts Receivable	7 years
Bank Statements	7 years
Cancelled Checks – Routine Checks	7 years
Cancelled Checks – Special Situations	Permanent
Credit Card Reports	7 years
Form 990 or 990T	7 years

Type of Document	**Retention Period**

Accounting and Tax Records

Form W9 and Form 945	4 years after filing*
Form 8283	4 years after filing*
Form 8282	4 years after filing*
Correspondence received by Tax Authorities	Permanent
Policies and Procedures	Permanent

Special Church Records

Offering Envelopes	4 years after filing*
Contribution Statements	4 years after filing*
Church Letter Acknowledging Contributions	4 years after filing*
Housing Allowance	4 years after filing*
Retirement or Special Gifts	4 years after filing*

Electronic Email or Electronically Stored Documents

Electronic email or electronically stored documents should have the same retention period as the document which they comprise or relate. Electronic documentation considered highly important to the Church/Ministry should be printed and stored permanently.

Other Issues

- The Church records will be stored in a safe, secure and accessible manner.
- Destruction will be accomplished by shredding.
- Documentation destruction will be immediately suspended upon any indication of a lawsuit or official investigation.
- Before destroying any document, the Board of Trustees should consult with a Church Attorney or CPA to ensure that they are in compliance with the new rules and regulations.

Our Church/Ministry adopts this policy for the current year and all succeeding years until amended or rescinded:

_____

Signature of Officer/Corporate Seal/Date

*This relates to the filing of the income tax return of the donor or of the Church/Ministry.

NOTE: The above retention periods are suggested, but the Church/Ministry should still consult with their CPA or Attorney before destroying any documents.

CHAPTER 14

RENTAL POLICY

PURPOSE

The purpose of this Rental Policy is to establish the rules that the responsible individuals renting our Church/Ministry must fulfill. Listed below are the terms and conditions:

- Renters must sign a waiver holding the Church/Ministry of any lawsuit or any legal actions.
- A Certificate of Insurance, if available, should be submitted with the application.
- Smoking or the use of alcoholic beverages is prohibited.
- The Church/Ministry is not responsible for any personal possession belonging to the renters or those attending the event.
- The Renter must not leave any valuables unattended.
- Musical instruments should not be used for any purpose without the written consent of our Church/Ministry.
- Children should be supervised by their parents or guardians.
- At the conclusion of the event, and upon leaving the Church/Ministry's rented space, lighting fixtures and appliances should be turned off, doors locked and garage disposed.
- The floor should be swept and the room cleaned upon leaving the premises.

OTHER ISSUES:

Our Church/Ministry has priority over all renters and other activities.

In addition, based on our religious beliefs, as outlined in the Word of God (our Bible) in Genesis 2:24, Leviticus 18:22, Mathew 19:4-5, Mark 10:6-9, 1st Corinthians 7:2 and Romans 1:26 & 27, our Bylaws define marriage as a union between a man and a woman, therefore, this Policy disallows members or attendees or non-members or non-attendees and/or outsiders to rent and/or use any

of the Church/Ministry's facilities for same-sex weddings and/or civil ceremonies related to same-sex marriages.

Our Church/Ministry adopts this policy for the current year and all succeeding years until amended or rescinded:

_____

Signature of Officer/Corporate Seal/Date

Church/Ministry's Name_____

CHAPTER 15

ADDITIONAL STIPULATIONS IN CHURCH BYLAWS AND MEMBERSHIP REQUIREMENTS DUE TO THE GAY MARRIAGE LAWS

BYLAWS' STIPULATION – GAY MARRIAGE – MEMBERS

Our Church/Ministry believes in marriages that are blessed by God as defined in Genesis 2:24, Mathew 19:4-5, Mark 10:6-9 and 1st Corinthians 7:2. Our Christian beliefs are that marriage is the union of a man and a woman, NOT a man with a man, or a woman with a woman. In fact, our Church/Ministry further believes that same-sex marriage is a sin, and our Church will NEVER celebrate sin, neither be a part of this arrangement. We love all sinners, but not the sin of SAME-SEX Marriage. Therefore, our Church/Ministry will conduct wedding ceremonies only for one man and one woman as biologically designed by birth (to protect against having to perform "transgender weddings" between those identifying themselves as a man and a woman that have not been biologically born as such.

If the laws of our State will go against God's commandments, and will force our Church/Ministry to legally perform same-sex marriages, all Clergy in our congregation will opt out of performing civil ceremonies and will only perform weddings that are based on the Holy Bible only, consisting of a blessed Holy Union between one man and one woman as biologically defined by their natural birth.

In addition, if any individual becomes a member of our Church/Ministry, he or she must have the same beliefs as stipulated above and receive a copy of our Bylaws including this stipulation, and the member should sign off before becoming a member.

_____
Signature of Officer/Corporate Seal/Date

CHAPTER 16

HOW TO TAKE BOARD MEETINGS MINUTES

Taking minutes is very crucial since they are the official, legal records of the Church/Ministry. Minutes also help protect the Church/Ministry from legal action/lawsuits. Below are the steps for creating well-organized minutes:

Minutes are typically taken by the Secretary, or another member, but not by someone who is actively participating in the meeting and discussions because it may be difficult to actively participate in the board meeting itself while taking the minutes. Always have a volunteer backup in the event the Secretary or the person in charge of taking the minutes is unavailable or needs to be a part of the meeting discussion.

Write down the persons attending (Attendees) the meeting and the ones that were invited, but are absent (Absentees) and check off the names from the attendance list.

Be short and capture critical information. Don't try to record verbatim – Minutes are meant to give a solid outline of the meeting and main topics. Focus on recording what's being assigned and/or decided on rather than indicating each and every word. At the end of the minutes, write a "To Do" list which is a list of responsibilities that some members may be assigned to follow-up for the next meeting.

Write out all motions, names and seconding of the motions.

The last paragraph should specify the word "Adjournment" and also the time the meeting ended.

After the minutes are corrected and approved, the minutes should be signed by the Secretary and also the President. The word "Approved" and the date of the approval should also be included. Minutes are generally approved at the board meeting to follow.

Following is a list of elements that Board Meeting Minutes should contain:

1. Church Name, Date and Location of Meeting.
2. Time meeting called to order.

3. Name and Title of Officer calling meeting to order.
4. Members present – Attendees.
5. Members not present – Absentees.
6. Reading of Agenda.
7. Approval of Minutes from previous Board Meeting dated _____
8. Motion Taken for approval of last meeting minutes.
9. Vote: Motion Carried or Motion Failed.
10. Resolved:
11. Previous meeting minutes (date), approved without modification or with modifications as follows: (list modified items)
12. Official Business Meeting Topics for discussion.
13. Adjournment.

See Church Minutes Sample Template on next page

CHAPTER 17

CHURCH MINUTES SAMPLE

Meeting Date: _____

Purpose of the Meeting: _____

Meeting Location/Address: _____

The following Officers and members were present: _____

President: _____

Vice-President: _____

Presiding Officer:

_____

Secretary:

_____

Attendees Names:

_____

Approval of Minutes from previous meeting:

A motion was made by_____(name), and seconded by_____

(Name) to approve the meeting dated_____. Motion carried: _____or

Motion failed_____

New Business/Unfinished Business/Other

Adjournment: Date and location: address, city & state of next meeting: _____

A motion was made by_____(name), and seconded by_____

(Name) to approve the meeting dated_____. Motion carried: _____or Motion

failed_____

Adjourned at Time: _____

Signed by Secretary: _____Date: _____

(Corporate Seal) -   Approved_____

PARTE I –B
VERSIÓN EN ESPAÑOL

ÍNDICE

CAPÍTULO 1

POLIZA DE COLECCIÓN DE OFRENDAS

PROPÓSITO

El propósito de esta póliza de colección de ofrendas es de minimizar el riesgo de malversación de fondos y mantener un buen control interno de la iglesia.

PROCESO DE MANEJO DE OFRENDAS

La iglesia debe tener una caja fuerte fija (no móvil) con un código de combinación o llaves, donde todo el efectivo y cheques (incluyendo caja-chica) debe ser guardado y la oficina donde se encuentra la caja fuerte debe estar asegurada en todo momento.

La persona que tiene conocimiento del código de seguridad o tiene las llaves de la caja fuerte no debe ser parte del proceso de contar ofrendas, ni deben tener las llaves de la oficina donde está la caja fuerte.

Antes de contar las ofrendas de dinero la iglesia se debe preparar un formulario o registro en donde la ofrenda fue contada y la fecha de la ofrenda y además tiene que tener la siguiente información*:

- Nombre y posiciones de los individuos que cuentan y observan el proceso de cómo cuentan las contribuciones.
- Al menos dos personas no relacionadas deben contar las ofrendas y si es posible, una tercera persona debe observar a las personas que están contando las ofrendas.

- El formulario debe tener columnas que indique que tipo de billetes ($1.oo $5.oo, $10.oo etc.) han sido recibido, ya sea en monedas, billetes o cheques.
- Fecha y hora en la cual la ofrenda es depositada o retirado de la caja fuerte después de haber sido contada.
- Firmas de individuos que participaron el proceso de contar las ofrendas.

Una vez que la ofrenda es contada, se debe preparar una boleta bancaria y el dinero se debe llevar inmediatamente al banco con dos personas o más, o ser inmediatamente puesta en la caja fuerte en una bolsa sellada para irla a depositar al banco lo más pronto posible.

Cuando el efectivo se retira de la caja fuerte para ser llevado al banco, entonces, dos personas deben estar presente y contar el dinero otra vez y confirmar el dinero que había en la bolsa. Cuando se transporta el dinero al banco, por lo menos deben estar presente dos individuos y estos individuos deben asegurarse de que reciban un recibo de depósito sellada por el banco confirmando que la ofrenda fue depositada. Este recibo debe ser devuelto a la iglesia y comparado contra el registro de la ofrenda. Si existe una diferencia entre el recibo del banco y el registro de la ofrenda se debe investigar las razones.

Todos los empleados o voluntarios que participen contando ofrendas deberían de tener una verificación de antecedentes penales y ser rotados periódicamente. También deben instalarse cámaras de seguridad enfocando el proceso de conteo y a la caja fuerte.

Nuestra iglesia o ministerio adopta esta política para el año actual y todos los años sucesivos o hasta que haya una nueva modificación o sea revocada.

_____

Firma de un Oficial/ Sello/Fecha

*ver planilla de colección de ofrendas en la parte II

CAPÍTULO 2

POLÍZA DE LUCHA CONTRA EL TERRORISMO PARA LAS OFRENDAS QUE VAN AL EXTRANJERO

PROPÓSITO:

El propósito de esta póliza es de cumplir con la orden ejecutiva 12947 y su anexo 13099 y la orden 13224 emitida por los ex presidentes Bill Clinton y el presidente Bush. El objetivo de estos decretos fue bloquear ciertas transacciones entre las personas de Estados Unidos, incluyendo las corporaciones (lucro y sin fines de lucro (iglesias)) y las personas o empresas que cometan, amenacen, sean parte o apoyen al terrorismo.

OFRENDAS ENVIADAS AL EXTRANJERO

Nuestra iglesia, como parte de nuestra misión y propósito a veces donará fondos para los necesitados en diferentes países, o a veces enviaran fondos al extranjero para la construcción de otras iglesias o por propósitos de evangelización. También, puede ocurrir que estas organizaciones o individuos no estén calificados o certificados o reconocidos con un estatus exento de impuestos en los Estados Unidos.

Sin embargo, de acuerdo a la ley de los Estados Unidos No. 210 C.B. 68-489, 1968-2 indica que:

Organizaciones que son exentas bajo la ley sección 501(c) (3) del código de rentas internas, dice que estas organizaciones pueden participar en actividades en el extranjero y dar dinero y apoyo a organizaciones extranjeras por más que estas no sean calificadas o verificadas o reconocidas con un status de exención de impuestos en los Estados Unidos de América si cumplen con ciertos requisitos*. El código dice lo siguiente:

"Una organización no pone en peligro la exención o certificación que ha obtenido bajo la sección 501 (c) (3) del código, a pesar de que esta distribuya fondos a las organizaciones que no están exentas, siempre y cuando esta organización sepa controlar y usar discreción sobre el uso de los fondos que ha enviado". También se deben cumplir los siguientes requisitos dictados bajo la ley 501 (c) (3):

1. El apoyo que se le da a la organización extranjera debe ser para cumplir y mejorar el propósito de esta organización como se indica en los artículos de incorporación.
2. La organización exenta que enviara fondos al exterior deberá asegurar que el uso de los fondos sea con fines de 501(c) (3) y que sean limitados a proyectos específicos que cumplan y mejoren el propósito caritativo de esa organización.
3. La organización que entregará fondos al extranjero deberá retener el control y discreción de cómo se deben usar los fondos
4. Se deben mantener archivos mostrando de que los fondos otorgados han sido utilizados con propósitos caritativos alistados en la ley501(c) (3).

Por medio de esta resolución, se resuelve, que esta iglesia adopta inmediatamente una póliza de Antiterrorismo de actividades internacionales y al menos que no sea revocado o modificado permanecerá en efecto perpetuo.

Nuestra iglesia también hará todo lo posible para estar en cumplimiento y se mantendrá actualizada y revisara la lista y los datos proporcionados por el Departamento de estado de Estados Unidos que se encuentran en el anuncio de la lista de personas que se conocen como "Specially Designated Nationals and Blocked Person List of Sanctioned Countries" (Personas y Países sancionados y bloqueados)

A partir de esta fecha, los siguientes países figuran como los países que apoyan el terrorismo, o están en la lista de personas bloqueadas o tienen sanciones: Países Balcanes, Bielorrusia, Costa de Marfil, República del Congo, Irán, Irak, Líbano, Libia, Corea del Norte, Sudan, Siria, Ucrania, Venezuela y otros. Además, nuestra iglesia solicitará la siguiente información a la organización que se le envié dinero al extranjero*:

- Nombre de la organización extranjera en su idioma y traducido al inglés.
- Dirección de la organización extranjera
- Nombre de la persona responsable de recibir el dinero, su posición, dirección y número de teléfono y correo electrónico.
- Copias de documentos de la organización y la aprobación por las autoridades gubernamentales de su país
- Las direcciones y teléfono de las oficinas de la organización.
- El propósito principal y la misión de la organización.
- Descripción de las necesidades de las organizaciones
- Documentos que prueben que la organización está en necesidad (fotos, documentos, etc.)
- Nombres y apellidos, direcciones y otra información de identificación de los individuos a cargo de la organización.
- Instituciones financieras o los bancos donde se depositarán los fondos.
- Los nombres y direcciones de sus pastores, tablero de administradores, empleados, contratistas y subcontratistas y otras personas responsables.
- Un acuerdo escrito que describe cómo los fondos se utilizarán y cómo esto beneficiaria a los propósitos exentos de la organización.
- La prueba de que los fondos fueron gastados de acuerdo a la necesidad que fue solicitada.

Nuestra iglesia o ministerio adopta esta política para el año actual y todos los años sucesivos o hasta que haya una nueva modificación o sea revocada.

_____

Firma de un Oficial/ Sello/Fecha
*ver planilla para ofrendas al exterior

CAPÍTULO 3

POLÍZA DE OFRENDAS DE BENEVOLENCIA

PROPÓSITO:

El propósito de esta póliza de benevolencia es para que se establezcan las directrices y procedimientos para autorizar los egresos que se clasifican como benevolencia o contribución caritativa.

El fondo de benevolencia es pare proveer las necesidades básicas de la vida a las personas necesitadas.

TIPO DE DONACIONES.

Las donaciones pueden ser en forma de alimentos, ropa, refugio, atención médica, ayuda financiera o cualquier otro tipo de asistencia. Aunque la intención del fondo de benevolencia es de dar una ofrenda solo una vez, en circunstancias inusuales, el Comité de Benevolencia puede decidir a qué persona se le ayudara a más de una vez.

IMPUESTOS

La benevolencia es una contribución caritativa exenta de impuestos y es para aliviar las dificultades de la persona en necesidad. Además, las ofrendas de benevolencia no deben ser devueltas a la iglesia. Sin embargo, si un individuo desea devolver los fondos como muestra de agradecimiento por la benevolencia, la iglesia debe informar al individuo que lo haga sólo como una ofrenda regular para el fondo general o al fondo que esta persona desee. Una vez más queremos reiterar que bajo ninguna circunstancia, el individuo tiene la obligación de devolver esta ofrenda.

REQUISITOS

Los siguientes requisitos deben cumplirse para que la iglesia entregue estas ofrendas:

I

Los Individuos que reciben ofrendas de benevolencia de nuestra iglesia, también deben estar dispuestos a recibir asesoramiento financiero o espiritual.

II

Los Individuos, deben ser miembros de la iglesia, asistentes regulares, miembros de la comunidad, ministerios o ministros, empleados de la iglesia, o cualquier otro individuo que el Comité de Benevolencia piense que este calificado

III

Los factores que pueden calificar para que la iglesia de una ofrenda, son los siguientes, pero no limitados a, una muerte en la familia, pérdida de empleo, dolencia, lesión crítica debido a accidentes o graves dificultades resultantes de un desastre natural (huracán, fuego, etc.).

IV

La iglesia no debe aprobar ninguna ofrenda de benevolencia para personas que quieran pagar la matrícula de la escuela privada de los chicos o del individuo o para inversiones empresariales, honorarios, pagos de tarjeta de crédito (a menos que el pago es por una situación de emergencia, médico, muerte, etc.) o penalidades por no pagar impuestos o por cualquier violación de la ley.

PROCEDIMIENTO DE COMO SE DEBE ENTREGAR OFRENDAS

1) El individuo debe llenar una planilla de benevolencia.
2) Todas las planillas serán revisadas y aprobadas por el Comité de Benevolencia.
3) El Comité entonces determinarán cuánto y qué tipo de ofrenda debe ser distribuida, y si una ofrenda adicional es necesaria.
4) la cantidad determinada debe estar con la documentación requerida para cumplir con los requisitos del gobierno, Internal Revenue Service,

(IRS). Cuando el monto no puede determinarse, por ejemplo, alimentos o medicinas para una familia, entonces se debe calcular un monto razonable.

Nuestra iglesia o ministerio adopta esta política para el año actual y todos los años sucesivos o hasta que haya una nueva modificación o sea revocada.

_____

Firma de un Oficial/ Sello/Fecha

CAPÍTULO 4

POLIZA DE REEMBOLSO DE GASTOS

PLAN DE CUENTAS

Nuestra iglesia o ministerio aprobó la siguiente póliza de reembolso de gastos para estar de acuerdo con la ley del tesoro Regulación 1.62-2, que tiene los siguientes términos y condiciones:

I) Empleados de nuestra iglesia (y en ciertas situaciones no serían empleados o contratistas) se les reembolsará por cualquier gasto profesional o de la iglesia siempre que sea un gasto normal y que pertenezca a un gasto que sea de la iglesia. También estos gastos deben estar adecuadamente documentados con prueba y contabilizados como requeridos por la iglesia.

> *Según el código de rentas internas y normas del IRS, "adecuadamente contabilizados" significa que la iglesia debe contar con una declaración de gastos, un libro de cuentas, un diario o un registro similar en el cual se debe escribir cada gasto y con la fecha en que ocurrió o fecha cercana, además se debe adjuntar los documentos o pruebas (por ejemplo, recibos) y si el gasto es de viajes, entonces se debe registrar su recorrido, kilometraje y otros gastos del empleado o individuo que tuvo cuando estaba de viaje.*

II) Bajo ninguna circunstancia nuestra iglesia reembolsará a empleados o cualquier otra persona por gastos de negocios o profesionales, aunque estén a nombre de la iglesia o ministerio si estos gastos no están debidamente respaldados con recibos o documentación.

Nuestros empleados o personas que hacen gastos para la Iglesia, entienden que este requisito es necesario para evitar que nuestro plan de reembolso de gasto se clasifique como un plan "no contable". Si cualquier persona que tuvo gastos y no cumplió con los requisitos, entonces los individuos no serán reembolsados. Tener un plan "no contable"" hace que todos los reembolsos sean reportados al IRS, y por consiguiente la persona que lo reciba podría pagar impuestos.

POLÍZA DE REEMBOLSO DE GASTOS (continuación)

III) Anticipos para gastos profesionales y de negocio que sean comunes y necesarios se entregaran con un anticipo de no más de treinta días.

IV) Todos los gastos deben justificarse en un plazo razonable de tiempo. Si la iglesia quiere cumplir con las leyes que se denomina "fecha fija" conocido en inglés como "Fixed date, Safe Harbor Substantiation rule", entonces los gastos deben ser documentados dentro de los 60 días o menos en que se hayan incurridos. El cumplir con la fecha fija da más flexibilidad en la manutención de registros.

V) Avances que no están respaldados en un plazo razonable de tiempo deben devolverse (nuevos pagos) a la iglesia o ministerio dentro de un período de tiempo razonable. Si la iglesia quiere calificar bajo la ley "Fecha Fija" como dijimos anteriormente, entonces el avance debe ser devuelto dentro de 120 días o menos después de que los gastos fueron pagados o hechos.

Nuestra iglesia o ministerio adopta esta política para el año actual y todos los años sucesivos o hasta que haya una nueva modificación o sea revocada.

_____

Firma de un Oficial/ Sello/Fecha

CAPÍTULO 5

POLÍZA DE REEMBOLSO DE VIAJES

PROPÓSITO

Con esta póliza se pretende dar cumplimiento a lo estipulado en las Leyes del Gobierno del IRS publicación 15, (Circular E) y publicación 535, en consecuencia, se debe tener en cuenta los siguientes tres términos y condiciones:

1) Los gastos deben ser pagados cuando la persona o empleado este presentando servicios a la iglesia.
2) Los gastos deberán justificarse dentro de un período razonable de tiempo.
3) Cualquier cantidad en exceso de gastos justificados debe ser devuelto en un plazo razonable.

Los reembolsos que se reciban bajo este plan de cuentas, no se consideran salarios y tampoco están sujetos a retención de impuestos.

Si los gastos de viaje no satisfacen los tres requisitos anteriormente mencionados, entonces estos gastos se considerarán como ingresos o salarios para el individuo motivo por lo cual estará sujeto a retención de impuestos.

Todos los viajes deben ser aprobados por el Pastor principal o la Junta Directiva.

La persona que viaja incurre gastos deberá completar el formulario de reembolso de viajes preparado por esta iglesia.

El formulario de viaje deberá tener toda la documentación, así como las firmas de aprobación.

Si la iglesia reembolsará para el kilometraje del uso del auto personal, por lo tanto, el reembolso por el kilometraje será el promulgado por el IRS para el año actual.

Nuestra iglesia adopta esta política para el año corriente y años todo sucediendo hasta modificado o revocado:

_____

Firma del Oficial/ sello oficial/fecha

CAPÍTULO 6

POLÍZA DEL USO DEL TELÉFONO CELULAR Y REEMBOLSO

PROPÓSITO

Establecer una póliza del uso del teléfono celular y reembolsos de gastos correspondientes para cumplir con el Reglamento del IRS en la sección 280F.

Póliza cuando la iglesia proporciona teléfonos celulares:

La Junta Directiva autorizará a que individuos la iglesia puede proveer un teléfono celular y la iglesia pagará todos los cargos.

Los teléfonos celulares se requieren para empleados, pastores, diáconos o cualquier miembro que tiene una posición en la iglesia.

El propósito de proveer un teléfono celular a las personas es el siguiente:

- Para la conveniencia de la iglesia o ministerio,
- Para que los individuos puedan realizar su trabajo correctamente, y
- Por las siguientes dos razones adicionales:
  1. Accesibilidad inmediata al individuo en caso de emergencia; o

2. El acceso al teléfono en la oficina es inadecuado, como él o ella está lejos de su escritorio con mala frecuencia durante horas de oficina.

Individuos que son reembolsados por los planes del teléfono celular

La Junta de Síndicos también autorizará que individuos serán elegibles para recibir el reembolso de los planes de teléfono celular cuando los individuos paguen los planes personalmente. Los motivos del reembolso son los mismos señalados anteriormente.

Responsabilidades de las personas que reciben teléfonos celulares o reciben reembolsos para pagar sus celulares.

Personas que reciben beneficios de teléfono celular ya sea que la iglesia proporcione los teléfonos celulares a ellos, o reciban reembolsos por el uso del teléfono, estos deben cumplir con las siguientes responsabilidades:

1. Cumplir con todas las leyes gubernamentales sobre el uso del teléfono celular mientras conducen y evitar el uso de teléfono celular cuando se pone en peligro la seguridad del individuo. (mandando mensajes de texto en el automóvil)
2. Reconocer que las transmisiones del teléfono celular no son seguras y que se debe ser responsable ya que puede haber información confidencial que no se debe comunicar.
3. Los teléfonos celulares no pueden utilizarse para difamar, acosar, intimidar, amenazar a cualquier persona, o utilizar de cualquier manera ilegal, ilícita u ofensiva.
4. Las personas que usan este beneficio se deben comprometer a firmar y fechar la póliza de teléfono celulares que hemos detallado.

Nuestra iglesia o ministerio adopta esta política para el año actual y todos los años sucesivos o hasta que haya una nueva modificación o sea revocada.

_____

Firma de un Oficial/ Sello/Fecha

CAPÍTULO 7

POLÍZA DE USO DE INTERNET Y CORREO ELECTRÓNICO

PROPÓSITO

Establecer una póliza que proteja a nuestra Iglesia o Ministerio en las áreas de uso de internet y correos electrónicos.

Responsabilidad:

El servicio de internet y correo electrónico proporciona acceso a una amplia gama de recursos, muchos de ellos no son controlados por el gobierno y, por lo tanto, la iglesia o ministerio no puede ser responsable por el contenido, o la naturaleza o la calidad de la información obtenida a través de internet o correos electrónicos, y en ningún caso la iglesia o ministerio tendrán ninguna responsabilidad derivada del uso de internet o de mensajes de correo electrónico. Además, en el caso cuando los menores de edad acceden el internet o correos electrónicos de nuestra iglesia, sus padres o tutores tienen que estar de acuerdo y asumir todas las responsabilidades legales y financiaras que puedan acarrear cuando sus menores acceden el internet o usan los emails.

Póliza de las responsabilidades de los usuarios de internet y correo electrónico en la iglesia o del Ministerio:

La Junta Directiva autorizará que individuos que podrán usar la internet en nuestra Iglesia o Ministerio.

Los efectos del uso de internet en nuestra Iglesia o Ministerio son para la conveniencia de la Iglesia o el Ministerio.

Internet y el correo electrónico es necesario para que los empleados, o miembros de la iglesia puedan realizar correctamente su trabajo y sean más productivos y trabajen con más precisión.

Las personas que accedan al internet o correos electrónicos de nuestra Iglesia o Ministerio deben cumplir con todas las leyes aplicables y reconocer que el internet y correo electrónico pueden no ser seguros y deben usar su criterio ya que la información que se envía a veces es confidencial. Además, el individuo se compromete a firmar y fechar el acuerdo previsto para la iglesia o Ministerio y **No debe**:

1. Usar el internet o correo electrónico de una manera que viola las leyes locales, estatales o federales, o cometer actos ilegales a través del internet o correo electrónico y si los cometen, estos pueden estar sujetos a enjuiciamiento por la iglesia o ministerio o funcionarios locales, estatales o federales. El juego electrónico en el internet de nuestra iglesia o ministerio está estrictamente prohibido por esta póliza.
2. Poner algo en el internet, transmitir, acceder o exhibir material obsceno e ilegal está completamente prohibido. Esto incluye enviar, recibir o mostrar materiales inapropiados, definidos como texto o gráficas.
3. Utilizar el servicio para fines ilegales o criminales o para acosar o difamar a otros.
4. Violar leyes de derechos de autor o acuerdos de licencia de cual licencia de software.
5. Utilizar sonidos o imágenes que pueden ser perjudiciales a los demás.
6. La persona se compromete a firmar y fechar la póliza de uso de Internet y de correo electrónico proporcionada por la iglesia.

Nuestra iglesia o ministerio adopta esta política para el año actual y todos los años sucesivos o hasta que haya una nueva modificación o sea revocada.

_____

Firma de un Oficial/ Sello/Fecha

CAPÍTULO 8

SUBSIDIO DE VIVIENDA PASTORAL – RESOLUCIÓN

El directorio de nuestra iglesia o Ministerio se juntaron para su reunión anual.

Estuvieron presente los siguientes directores y síndicos:

_____

_____

_____

_____

Y se **resuelve**, que el Directorio oficial de nuestra iglesia autoriza la creación de una partida en el presupuesto de la iglesia para proveer a las necesidades presentes y futuras del Pastor.

Además, se resuelve que la designación de $_____ es para una vivienda o subsidio del Pastor para sus gastos de vivienda y se aplicará hasta _____.

CERTIFICADO DE LA SECRETARIA

Lo anterior es una resolución debidamente adoptada por la Junta de oficiales en una reunión celebrada el ____ y registrada en el Acta de dicha reunión en los libros y actas de la iglesia. La resolución es conforme a los artículos de incorporación de esta iglesia que está ahora en vigor y en efecto.

Nuestra iglesia o ministerio adopta esta resolución para el año actual y todos los años sucesivos o hasta que haya una nueva modificación o sea revocada.

En fe de lo cual he firmado con mi nombre y estampado con el sello seco oficial de la iglesia este día _____

_____

Firma de un oficial/Sello/fecha

CAPÍTULO 9

POLÍZA DE INDEMNIZACION

PROPÓSITO

El propósito de esta póliza de indemnización es para proteger a nuestro personal pastoral, junta de síndicos, oficiales, directores, ancianos, diáconos, ministros y administradores para que no deban incurrir de sus bolsillos costos si son demandados en relación con su trabajo en nombre de la iglesia.

La iglesia, en la medida legalmente permitida, indemnizará y mantendrá protegidos a toda persona que sea de nuestra junta pastoral, Junta de Síndicos, oficiales, directores, ancianos, diáconos, ministros y administradores por todos los gastos que realmente sean necesarios e incurridos en relación con cualquier demanda, acción legal o procedimiento contra dicho equipo pastoral, Junta de Síndicos, oficiales, directores, ancianos, diáconos, ministros y administradores.

Esta indemnización incluye costos de honorarios de abogado, juicios, multas, impuestos, sanciones y pagos de liquidación que sean realmente razonables y que hayan sido incurrido por esa persona en relación con dicha demanda, acción legal o procedimiento.

El personal pastoral, la Junta de Síndicos, oficiales, directores, ancianos, diáconos, ministros, y administradores prometen devolver a la iglesia todos los costos anteriores si existe una prueba clara y convincente y evidente que el personal pastoral, Junta de Síndicos, oficiales, directores, ancianos, diáconos, ministros y administradores se han comportado con una mala intención deliberada de herir a la iglesia o a los intereses de la iglesia o del ministerio.

Nuestra iglesia o ministerio adopta esta política para el año actual y todos los años sucesivos o hasta que haya una nueva modificación o sea revocada.

_____

Firma de un Oficial/ Sello/Fecha

CAPÍTULO 10

POLÍZA DE CONFLICTO DE INTERÉS

PROPÓSITO (Articulo I): El propósito de esta póliza de conflicto de intereses es para proteger a esta organización sin fines de lucro cuando se está considerando la posibilidad de entrar en una transacción o acuerdo que podría beneficiar el interés privado de un oficial o director de la organización o que puede resultar en una transacción de beneficio excesivo indebido. La intención de esta póliza es de complementar, pero no sustituir cualquier ley del estado y federal que regulan los conflictos de intereses para las organizaciones sin fines de lucro y de caridad. Para comprender esta póliza es importante aclarar las definiciones en el siguiente artículo.

Artículo II

<u>Definiciones</u>

1. *Persona Interesada.*

Cualquier director, funcionario principal o miembro de un comité de la junta de gobierno o cualquier persona que delega poderes, que tiene un directo o indirecto interés financiero, como detallamos abajo, es una persona interesada.

Si una persona es una persona interesada con respecto a cualquier otra iglesia * él o ella es una persona interesada con respecto a todas las entidades que estén relacionadas con esa iglesia o Ministerio *.

2. Intereses financieros

Una persona tiene un interés financiero si la persona tiene, directa o indirectamente, a través de un negocio, o de una inversión o por un familiar:

a. una propiedad o interés de inversión en cualquier entidad con la que la organización tiene una transacción o acuerdo,
b. Un acuerdo de compensación con la organización o con cualquier entidad o persona con la que la organización tiene una transacción o acuerdo, o
c. Puede ser dueña de una propiedad o inversión, o un acuerdo de compensación con cualquier entidad o persona con la que la organización está tratando un negocio o acuerdo.

3. Compensación

Compensación incluye la remuneración directa e indirecta, así como regalos o favores que no son significativos.

Un interés financiero no es necesariamente un conflicto de intereses. Debajo del artículo III, sección 2, una persona que tiene un interés financiero puede tener un conflicto de intereses sólo si el directorio o el Comité decide que si existe un conflicto de intereses.

Artículo III

Procedimientos

1. Obligación de revelar

Con respecto a estos conflictos de intereses ya sea real o posible, la persona interesada debe revelar la existencia de los intereses financieros y se les deberá dar la oportunidad de revelar todos los hechos substanciales a los directores y miembros de comités que el directorio haya delegado para considerar estos hechos.

2. Determinar si existe un conflicto de intereses

Después que se hayan revelado los intereses financieros y todos los hechos materiales, se discutirá las transacciones con la persona interesada. Luego, la persona interesada dejará la reunión de la Junta Directiva o el Comité gubernamental y estos discutirán y votarán entre ellos sobre esta situación.

3. Procedimientos para resolver el conflicto de intereses

a. Una persona interesada puede presentar su situación en la reunión de Junta Directiva o Comité de gobierno, pero después de la presentación, él o ella tendrán que salir de la reunión para que la junta discuta los hechos y voten sobre la transacción o el acuerdo que pueda implicar un posible conflicto de intereses.
b. El Presidente de la Junta o del Comité, si es apropiado, designará una persona desinteresada o un comité a investigar otras alternativas presentadas por la persona interesada.
c. Después de ejercer debida diligencia, la junta gobernante o el Comité deberá determinar si la organización puede obtener con los esfuerzos razonables una más ventajosa transacción o acuerdo de una persona o entidad que no tendría un conflicto de interés.
d. Si no se pudo conseguir una persona que no tenga un conflicto de interés que nos pueda dar una transacción o un acuerdo mejor, entonces, la Junta o Comité determinará por mayoría de votos de los directores desinteresados si la transacción o acuerdo es en el mejor interés de la iglesia o ministerio para su propio beneficio, y si es justo y razonable. Entonces, de acuerdo a lo anterior, se hará una decisión si se procederá con la transacción o acuerdo de la persona interesada.

4. Violaciones de la política de conflictos de interés

a. Si la Junta o el Comité gobernante tiene causa razonable para creer que un miembro que haya tenido un conflicto de interés no lo ha revelado, a este miembro se le dará la oportunidad a que explique la razón de su incumplimiento de no haber revelado su conflicto de interés.
b. Si, después de escuchar la respuesta del miembro y después de realizar más investigaciones para confirmar las circunstancias, la Junta Directiva o el Comité determina que este miembro no reveló su conflicto de intereses ya sea real o posible, entonces la Junta directiva tomarán medidas disciplinarias y correctivas.

Artículo IV

Registros de procedimientos

Las Actas y Minutas de la Junta Directiva y de los comités que se le hayan designado poderes por la junta a tratar estos casos, deben contener lo siguiente:

a. los nombres de las personas que revelaron o que se supo que tenían un interés financiero y un conflicto de intereses ya sea real o posible, la naturaleza de los intereses financieros, cualquier acción tomada para determinar si un conflicto de intereses estaba presente y las decisiones de las juntas directivas o comisión en cuanto si realmente existió un conflicto de interés o no.

b. los nombres de las personas que estaban presentes cuando se discutió estos casos y los votos que se han hechos respecto a esta transacción, también se debe registrar si hubo un acuerdo, el contenido de la discusión, incluyendo alternativas a la transacción propuesta y también los votos que se tomaron para con respecto a estos procedimientos.

Artículo V

Compensación

a. Un miembro de la junta directiva que tiene derecho a votar y que recibe compensación, directa o indirectamente, de la organización de servicios está impedido de votar en cuestiones relativas a la compensación que este miembro reciba.

b. Un miembro de la junta directiva que está a cargo de asuntos de compensación, y si este también recibe compensación ya sea directa o indirectamente, de la organización por sus servicios, entonces este miembro está impedido de votar en cuestiones relativas a la compensación de su propia compensación.

c. Ningún miembro con voto de la Junta de gobierno o cualquier Comité que está a cargo de asuntos de compensación y que recibe compensación, directa o indirectamente, de la organización, ya sea individualmente o colectivamente, está prohibido proporcionar información a cualquier comité con respecto a compensación.

Artículo VI

Declaraciones anuales

Cada director, oficial principal y miembro de un Comité con las facultades delegada de la Junta de administración deberán firmar una declaración anualmente que afirma que esta persona:

a. Tiene y recibió una copia de la póliza de conflictos de interés,
b. ha leído y entiendo esta póliza,
c. se ha comprometido a cumplir con la póliza, y
d. entiende que la organización es benéfica y que para mantener su exención de impuestos federales esta organización debe participar principalmente en las actividades que cumplan con los propósitos de su exención de impuestos.

Artículo VII

Revisiones Periódicas

Para asegurar que la organización opera en con fines benéficos y que no participe en actividades que puedan perjudicar su estado de exento de impuestos, se realizarán revisiones periódicas. Los exámenes periódicos incluirán, como mínimo, los siguientes temas:

a. Si los acuerdos de remuneración y beneficios son razonables, y si están basados en la información de encuestas competentes y en los precios del mercado.

b. Si las alianzas, sociedades y acuerdos con la administración de la organización están de acuerdo a las pólizas escritas de la organización, y también si están correctamente registradas, además si los pagos de bienes y servicios e inversiones son razonables y con propósitos caritativos y no resultan en un beneficio personal del directorio o beneficio privado de nadie o de una transacción de beneficio excesivo.

Artículo VIII

Uso de expertos externos

Cuando se realizan revisiones periódicas como detalladas en el artículo VII, la organización, puede, (pero no necesariamente) utilizar asesores externos. Si se utilizan expertos externos el usarlos no significa que la junta directiva se liberará el de su responsabilidad de garantizar que revisiones periódicas se lleven a cabo.

Nuestra iglesia o ministerio adopta esta política para el año actual y todos los años sucesivos o hasta que haya una nueva modificación o sea revocada.

Firma de un Oficial/ Sello/Fecha

* Esta póliza es una muestra similar a la proporcionada por el IRS y para una fácil referencia, hemos sustituido la palabra "Entidades de Salud" que fue citado en el IRS de muestra para leer " iglesia."

CAPÍTULO 11

POLÍZA DE DENUNCIANTES

PROPÓSITO Y OBJETIVO

El propósito de esta póliza de denunciantes es de adherirse a los estándares y cumplimiento federal y estatal que fue incluido como parte de la ley Sarbanes-Oxley que el Congreso promulgó en el año 2002. Aunque nuestra iglesia no es una corporación pública, la iglesia cumplirá con este Reglamento para practicar la honestidad, integridad en el cumplimiento de nuestras responsabilidades, un buen gobierno eclesiástico y ejercer una buena administración.

NO REPRESALIAS

Esta es una póliza que prohíbe a nuestra iglesia a tomar represalias o vengarse contra los empleados o cualquier persona que, de buena fe, reporte una violación de ética, o una sospecha de violación de la ley, como una queja por discriminación, o sospecha de fraude, o sospecha de violación de cualquier norma que regulan el funcionamiento de la iglesia o de las prácticas contables de la iglesia. La iglesia asignará a una persona de la junta oficial para que sea responsable y para que esa persona se encargue que la iglesia cumpla con esta póliza. Esta posición será conocida como Oficial de Cumplimiento.

PROCEDIMIENTOS DE INFORMACIÓN

Nuestra iglesia tiene una póliza de puertas abiertas y sugiere que cualquier empleado, voluntario, miembro o persona compartan sus preguntas, inquietudes, sugerencias o quejas con su supervisor si son empleados, o con un anciano o diácono. Si la persona que de buena fe piensa que su inquietud o pregunta no fue contestada o se tomaron las acciones correctas, por el anciano, supervisor, diácono o la persona responsable, entonces a este individuo se le recomienda a hablar con el director, o el Oficial de Cumplimento o el pastor principal.

Empleados, voluntarios, miembros, u otras personas, también podrán presentar sus inquietudes por escrito directamente al Oficial de Cumplimiento o al presidente de la iglesia. (A veces el Pastor principal). Los supervisores, ancianos, diáconos, directores, consejeros jurídicos y pastores principales están obligado a informar de cualquier queja o inquietudes acerca de sospechas de violación éticas y legales por escrito al Oficial de Cumplimiento.

El Oficial de Cumplimiento deberá asesorar al presidente de la iglesia o al pastor principal de todas las quejas y de su resolución correspondiente y también debe informar a la junta directiva en la reunión anual o hacer una reunión especial para tratar dicha queja. El Oficial de Cumplimento también es responsable de asegurarse de que todo lo concerniente a quejas, conducta ilegal, denuncias, comportamiento poco ético de cualquier tipo tiene que ser investigado y resueltas tan pronto como sea posible.

Además, el oficial de cumplimiento notificará también al contador (CPA) o al Comité de Auditoría de estas quejas o preocupaciones que se refieran a asuntos de contabilidad o demandas potenciales.

Nuestra iglesia o ministerio adopta esta política para el año actual y todos los años sucesivos o hasta que haya una nueva modificación o sea revocada.

_____

Firma de un Oficial/ Sello/Fecha

CAPÍTULO 12

POLÍZA DE CAPITALIZACIÓN Y AMORTIZACIÓN

POLÍZA DE CAPITALIZACIÓN

PROPÓSITO

El propósito de esta póliza contable es de establecer un costo mínimo (cantidad de capitalización) que se utilizará para determinar cuáles costos se capitalizarán y serán registrados como activos en los libros o registros contables y estados financieros anuales de la iglesia.

DEFINICIÓN DE ACTIVOS DE CAPITAL

Bienes de capital se definen como activos tangibles o intangibles que tienen una vida útil económica que se extiende más allá de doce meses y fueron adquiridos o producidos por un costo de $_____ o más. Bienes de capital deben ser capitalizados y amortizados con fines de contabilidad para los estados financieros. Además, el activo tiene que tener un valor significativo.

MÉTODOS DE CAPITALIZACIÓN DE ACTIVOS

Todos los activos de capital se registran al costo histórico a partir de la fecha adquirido o construido. Activos tangibles y costos por debajo del monto antes mencionado no se registran como un activo sino como un gasto para los estados financieros anuales de la iglesia o libros. Alternativamente, si el activo adquirido tiene una vida económica de doce meses o menos deben ser registrados como gastos para propósitos financieros, sin importar el costo de adquisición o costo de producción.

MONTOS DE CAPITALIZACIÓN

La iglesia establece los siguientes montos para que los activos adquiridos sean capitalizados como activos fijos:

Clase de Activos y Valores:

Edificios y mejoras	$____o más
Terrenos y mejoras	$____o más
Maquinaria y equipo	$____o más
Vehículos	$____o más
Software	$____o más

Se mantendrán registros detallados de todos los activos fijos por encima de los montos arriba establecidos.

Si se adquieren activos a través de donaciones, el valor de los activos será del valor del mercado en el momento de la donación. Si se adquieren activos por compras, el valor del activo será el costo inicial más el valor del costo del activo permutado más todos los gastos relacionados con la puesta del activo en operación. El costo de activos que se construyan por la iglesia misma incluirá todos los costos de la construcción

POLÍZA DE AMORTIZACIÓN

Esta póliza establece el método de amortización que se debe utilizar para los bienes capitales y los años de vida útil de los activos.

El método de amortización que debe utilizarse para amortizar los bienes de capital durante su vida útil debe ser el "método de línea recta"."

Con la excepción del valor residual (no amortizable) la vida útil estimada de los activos son los siguientes:

MEJORAS (EDIFICIOS/TERRENOS)

Edificios Permanentes:	20-40 años (____ # de años)
Mejoras al Edificio:	40 años (____ # de años)
Estructuras Adicionales	40 años (____ # de años)

MAQUINARIA Y EQUIPOS

Vehículos (camiones, furgonetas, etc.)	5-10 años (____ # de años)
Autobuses:	5-15 años (____ # de años)
Equipo de cocina / otros:	5-10 años (____ # de años)

ACTIVOS INTANGIBLES Y SOFTWARE

Software:	3-15 años (____ # de años)
Activos Intangibles:	3-15 años (____ # de años)

La amortización se calculará utilizando la "Convención de medio año". Una mitad de la amortización de un año completo se permite para el activo en su primer año que se ponen en servicio, independientemente de cuándo se colocó realmente en servicio durante el año.

DISPOSICIÓN DE ACTIVOS

Cuando el activo es eliminado, vendido o dado de baja por escrito, los bienes de capital serán acreditados, y la amortización acumulada correspondiente será debitada y una cuenta de gasto o ganancias será debitado o acreditado. La amortización correspondiente se tomará en el año de la disposición.

Nota: Se sugiere consultar con el abogado o contador antes de aplicar cualquier método y la vida de los bienes de arriba mencionados, pero la Iglesia siempre debe consultar con su abogado o CPA antes de implementar esta política.

Nuestra iglesia o ministerio adopta esta política para el año actual y todos los años sucesivos o hasta que haya una nueva modificación o sea revocada.

_____

Firma de un Oficial/ Sello/Fecha

CAPÍTULO 13

POLÍZA DE RETENCIÓN Y DESTRUCCION DE DOCUMENTOS

PROPÓSITO Y OBJETIVO

El propósito de esta póliza de destrucción y retención de documentos es para adherirse a los estándares de cumplimiento federal y estatal que fue incluido como parte de la ley Sarbanes-Oxley que el Congreso promulgó en el año 2002. En acta menciona que es un crimen y un delito alterar, encubrir, falsificar o destruir cualquier documento con la intención de impedir u obstaculizar cualquier procedimiento oficial.

Aunque nuestra iglesia no es una corporación pública, la iglesia cumplirá con este reglamento para practicar la honestidad, integridad en el cumplimiento de nuestras responsabilidades, tener un buen gobierno eclesiástico y ejercer tener una buena administración.

RETENCIÓN DE DOCUMENTOS

Nuestra iglesia seguirá los procedimientos de retención de documento que se indica a continuación:

Tipo de Documento   **Periodo de Retención**

Registros Corporativos y de Exención de Impuestos:
Escritura de Constitución y modificaciones   Permanente

Estatutos sociales y modificaciones	Permanente
Todo tipo de minutas	Permanente
Informes anuales de las agencias gubernamentales	Permanente
Junta Directiva las pólizas y resoluciones.	Permanente
Carta de determinación de exención de IRS y Solicitud de exención (1023)	Permanente
Número de identificación de empleador	Permanente
Formulario 8274-FICA exención	Permanente

POLÍZA DE RETENCIÓN Y DESTRUCCION DE DOCUMENTOS (Continuación)

Contabilidad y los registros de impuestos

Estados financieros y auditorías anuales	Permanente
Programas de amortización	Permanente
Diario Mayor	Permanente
Cuentas por pagar y cuentas por cobrar	7 años
Estados de cuenta bancarios	7 años
Cheques cancelados – transacciones normales	7 años
Cheques cancelados – casos especial (préstamos)	Permanente
Tarjeta de crédito recibos	7 años
La forma 990 o 990 T	7 años

Tipo de período de retención de documento
Contabilidad y los registros de impuestos

Formulario W9 y formulario 945	4 años después de presentación*
Formulario 8283	4 años después de presentación*
Formulario 8282	4 años después de presentación*
Correspondencias impositivas	Permanente
Pólizas y procedimientos:	Permanente

Registros especiales de la iglesia

Sobre de Ofrendas	4 años después de presentación *
Declaración Impositiva	4 años después de presentación *
Recibo de Contribuciones	4 años después de presentación *
Subsidio de Vivienda Pastoral	4 años después de presentación *
Documentos de Jubilación/Regalos	4 años después de presentación *

Correo electrónico o documentos almacenados electrónicamente

Correo electrónico o documentos electrónicos deben tener el mismo periodo de retención como los documentos de arriba mencionados.

Documentación electrónica que se consideran importantes para la iglesia o ministerio debe ser impresos y grabados electrónicamente permanentemente.

Otras cuestiones

Los registros de la iglesia se grabarán electrónicamente de forma segura y accesible. Y la destrucción de registros será por medio de trituración.

La destrucción de documentos será inmediatamente suspendida, sobre cualquier indicación de un juicio, o de una investigación oficial.

También, antes de destruir cualquier documento, la junta directiva debe consultar con el abogado de la iglesia o CPA para asegurar que se cumpla con todas las nuevas reglas y regulaciones.

Nuestra iglesia o ministerio adopta esta política para el año actual y todos los años sucesivos o hasta que haya una nueva modificación o sea revocada.

_____

Firma de un Oficial/ Sello/Fecha

* Esto se refiere a la presentación de la presentación de la declaración de impuestos del donante o de la iglesia.

Nota: Los periodos de retención son simplemente sugerencias, pero la iglesia debe consultar con su abogado y contador antes de destruir cualquier documento.

CAPÍTULO 14

POLÍZA DEL ALQUILER

PROPÓSITO

El propósito de esta póliza de alquiler es de establecer las reglas que se deben cumplir por los individuos que rentaran nuestra iglesia. A continuación, se presentan los siguientes términos y condiciones:

1. - Inquilinos deben firmar una certificación indicando los inquilinos no le harán ninguna demanda legal a la iglesia en ninguna circunstancia.
2. - Los responsables de rentar, deben presentar un certificado de seguro si tienen, y adjuntarlo a la aplicación.
3. - Está prohibido fumar o el uso de bebidas alcohólicas.
4. - La iglesia no se hace responsable de cualquier cosa que se extravía de ninguna persona. También los inquilinos no deben dejar objetos de valor desatendidos.
5. - Los Instrumentos musicales de la iglesia no pueden usarse sin el permiso escrito de nuestra iglesia.
6. - Los niños deben ser supervisados por sus padres o tutores.
7. - En la conclusión del evento y al salir de la iglesia, aparatos y accesorios de iluminación deben ser apagados, las puertas deben estar cerradas, y la basura recogida.
8. - El piso debe ser barrido y la sala debe ser devuelta en la misma condición en que fue entregada.

OTROS TEMAS: PRIORIDADES Y BODAS DEL MISMO SEXO (GAY MARRIAGE)

La iglesia o Ministerio tienen prioridad ante cualquier otro inquilino. Si la iglesia tiene una actividad en una fecha especificada, los inquilinos no podrán rentar en ese día.

Además, basado en nuestras creencias religiosas, y en la palabra de Dios (la Biblia) encontrado en Génesis 2:24, Mateo 19: 4-5, Marcos 10: 6-9 y Primera Corintios 7:2, nuestra constitución definen al matrimonio como un hombre y una mujer, por lo tanto, esta póliza no permite a las personas que no son miembros, o a cualquier otra persona a utilizar cualquiera de las facilidades de la iglesia

para celebrar bodas del mismo sexo y o ceremonia civil que esté relacionada con matrimonios del mismo sexo.

Nuestra iglesia o ministerio adopta esta política para el año actual y todos los años sucesivos o hasta que haya una nueva modificación o sea revocada.

_____

Firma de un Oficial/ Sello/Fecha

CAPÍTULO 15

ESTIPULACIONES ADICIONALES EN NUESTRA CONSITUCION DE LA IGLESIA Y LOS REQUISITOS DE MEMBRESÍA DEBIDO A LAS NUEVAS LEYES DE MATRIMONIO DEL MISMO SEXO. (GAY MARRIAGE)

MATRIMONIOS DEL MISMO SEXO Y MIEMBROS

Nuestra iglesia cree en los matrimonios que tienen la bendición de Dios y que se definen en Génesis 3:24, Mateo 19: 4-5, Marcos 10:6-9 y Primera Corintios 7:2. El cristiano cree que un el matrimonio es la unión de un hombre y una mujer, no un hombre con un hombre o una mujer con una mujer. Además, nuestra cree que el matrimonio del mismo sexo es un pecado, y nuestra iglesia no celebrará el pecado, ni nunca será parte de este acuerdo. Amamos a todos los pecadores, pero no el pecado del matrimonio del mismo sexo. Por lo tanto, nuestra iglesia no realiza bodas del mismo para miembros, no miembros o cualquier persona, pero si llevarán a cabo ceremonias de bodas que son para un hombre y una mujer que son biológicamente diseñados por el nacimiento únicamente, y no por operación de cambio de sexo.

Si las leyes de nuestro estado irían en contra de nuestras creencias y en contra de los mandamientos de Dios y fuerzan a nuestra iglesia a cabo matrimonios del mismo sexo legalmente, entonces, toda la junta pastoral de nuestra se negará por completo a realizar esta clase de ceremonias civiles y sólo realizará matrimonios que se basan en la Biblia solamente, y que bendice la unión únicamente entre un hombre y una mujer biológicamente definida por su nacimiento natural.

Además, si cualquier persona se convierte en un miembro de nuestra iglesia, él o ella debe tener las mismas creencias que hemos mencionado y recibirán una copia de nuestra constitución incluyendo esta estipulación, y el este nuevo miembro deberá firmar esta estipulación antes de convertirse en un miembro.

CAPÍTULO 16

CÓMO TOMAR ACTAS DE REUNIONES DE LA JUNTA DIRECTIVA

El saber tomar actas de reuniones o también llamadas "minutas", es muy importante, ya que estas actas forman parte de los registros oficiales y legales de la iglesia o del ministerio. Las minutas también ayudan a proteger a la iglesia o al ministerio en cualquier demanda o acciones legales. A continuación, vamos a detallar los pasos a seguir:

1. Las minutas normalmente son tomadas por el secretario o secretaria ejecutiva u otro miembro de la junta, pero no por alguien que está participando activamente en las reuniones y discusiones, ya que se hace difícil participar activamente en la reunión y al mismo tiempo tomar notas. También es aconsejable tener un voluntario que se haga a cargo de tomar notas en el caso de que el secretario o el encargado de tomar las minutas no están disponible o tienen una parte importante para discutir en la reunión.

2. La persona encargada de tomar notas, debe anotar las personas que están en la reunión (presentes) y los que fueron invitados, pero no asistieron (ausentes) y comprobar los nombres que están en el registro.

3. También las notas deben ser breves y capturar la información más importante. No trate de registrar textualmente, o poner palabra por palabra. Las minutas deben tener un esquema sólido de los temas principales de la reunión y concentrarse en el tema principal. Al final de las minutas, se hace una lista de las cosas que se van a hacer con respecto a la reunión. También se pone los nombres de las personas que tienen que hacer algo, y cuál es la responsabilidad de esas personas. En ingles se conoce como "To Do List". En otras palabras, cual es el plan de acción para la próxima reunión.

4. También tiene que registrarse las deliberaciones, acuerdos y todas las votaciones o pedidos o causas, y si hubo una petición para desestimar una causa.

5. El último párrafo debe especificar la palabra "Se da por finalizada la reunión" e indicar la hora y lugar.

6. Después, la persona encargada de las minutas tiene que revisarlas y hacer correcciones si son necesarias y se preparan para que sean aprobadas en la próxima reunión. Una vez aprobada, el acta deberá ser firmada por el secretario y el presidente. También debería incluirse la palabra "Aprobada" y la fecha de la aprobación y el sello oficial de la iglesia.

A continuación, mostramos una lista de los elementos que un acta de reuniones debe tener:

1. Nombre de la iglesia, fecha y lugar de reunión.
2. La hora de la reunión y el tiempo que duro.
3. Nombre y título del oficial que está a cargo de la reunión (Chairman).
4. Miembros que asistieron (Presentes).
5. Miembros que no asistieron (Ausentes).
6. Lectura del orden del día o una agenda de lo que se va a tratar.
7. Aprobación de las minutas de la reunión anterior.
8. Si hubo una "moción" o pedido a una causa o si el pedido a una causa fue fracasado o desestimado.
9. Si hubo un voto a favor o en contra.
10. Resolución. Aprobación de las actas de la reunión anterior, con fecha y si se aprueban como están o con modificaciones.
11. Temas a tratar y o nuevos temas.
12. Suspensión de la Sesión indicando "Se da Finalizada la Reunión".

Pueden ver un modelo de un acta de reuniones en la página siguiente

Nombre de iglesia _____

CAPÍTULO 17

MODELO DE UNA ACTA DE REUNIÓN (MINUTAS)

PROPOSITO DE LA REUNION: _____

LUGAR DE REUNION Y FECHA _____

Estuvieron presentes los siguientes oficiales y miembros:

Presidente: _____

Vice-Presidente: _____

Tesorero: _____

Secretario: _____

Oficial/Sindico:

_____

_____

Estuvieron ausentes los siguientes individuos:

_____

Toma la palabra: _____

Aprobación del acta de la sesión anterior: _____

Temas a tratar:

_____

Se hace una noción por_____ (nombre) para aprobar_____

La moción se aprobó _____o fracasó_____

Nuevos asuntos a tatar_____/Asuntos sin terminar_____ /otros asuntos_____

Sin más asuntos que tratar, el presidente da por finalizada la reunión a las_____ horas

_____

Firma del oficial/Sello Oficial/Fecha - Aprobada

PART II - PARTE II

PRACTICAL FORMS
FORMULARIOS PRÁCTICOS
ENGLISH/SPANISH
INGLÉS/ESPAÑOL

OFFERINGS COLLECTION FORM
PLANILLA DE COLECCIÓN DE OFRENDAS

DATE/FECHA:

TIME/HORA

PLACE/LUGAR:

EVENT/EVENTO:

INDIVIDUALS COUNTING THE OFFERINGS:
PERSONAS CONTANDO OFRENDAS:

FIRST NAME/ PRIMER NOMBRE	LAST NAME /APELLIDO	SIGNATURES/ FIRMAS

INDIVIDUALS OBSERVING THE PROCESS:
PERSONAS OBSERVANDO EL PROCESO:

FIRST NAME/ PRIMER NOMBRE	LAST NAME /APELLIDO	SIGNATURES/ FIRMAS

Type of Currency/Tipo de Billetes	Quantity/Cantidad	Total
$1.00		
$5.00		
$10.00		
$20.00		
$50.00		
$100.00		
Monedas/Coins		
TOTAL		

Deposit Date:
Fecha de deposito:

Date placed in the Safe:
Fecha en la Caja Fuerte:

OVERSEAS OFFERINGS FORM
PLANILLA PARA OFRENDAS AL EXTERIOR

DATE/FECHA:	COUNTRY/PAÍS:

PLACE/LUGAR:	PROJECT/PROJECTO:

ORGANIZATION/ ORGANIZACIÓN:	ENGLISH TRANSLATION/ TRADUCCION	ADDRESS/ DIRECCIÓN

Phone/Teléfono/ email	Pastor's name and Officials/ Nombre del Pastor y Oficiales:	Mission Purpose/ Propósito de la Misión

Contact Party/Persona de Contacto	Position & Phone /Posición y Teléfono	Address/Dirección

Describe the needs of the organization or individual /Describir la necesidad de la organización o del individuo

Financial institution where funds will be deposited/ Institución
Financiera donde se depositarán los fondos
Address, name and account number/Dirección, nombre y número de cuenta:
Date of Deposit/
Fecha de deposito:

Attach the following documents/Adjuntar los siguientes documentos:	√
Pictures and documents proving the need/Fotos y documentos que prueben la necesidad:	
Proof that funds were spent/Pruebas que los fondos fueron gastados:	
How were the funds utilized/Como los fondos fueron usados:	
Proof that this country is not sanctioned or blocked/Prueba de que este país no este sancionado o bloqueado:	
Other documents/ Otros documentos	

Approved by and Date/
Aprobado por y Fecha: x

	SIGNATURE/FIRMA

BENEVOLENCE APPLICATION/FORMULARIO DE OFRENDAS DE BENEVOLENCIA (AMOR)

Information/Información
Name/Nombre:
Address/Dirección
City, state & zip code /Ciudad, estado & código
Telephone & email/Teléfono & email

	YES/SI	NO

Are you a member of our Church?/Eres
miembro de nuestra iglesia?.
Do you attend any Church?/Asistes a alguna iglesia?
Would you be willing to receive financial or spiritual counseling?
Estas decidido a recibir consejería financiera o espiritual?
Have you received financial help from us before?
Has recibido nuestra ayuda anteriormente?
Do you have a job?/Tienes Trabajo?

Why do you need our help?/Porque necesitas nuestra ayuda?

Signature & Date /Firma y fecha: X

Application Approved/Aplicación Aprobada   Date/Fecha

Application NOT Approved/Aplicación NO Aprobada   Date/Fecha

Signature of Sr. Pastor/Firma del Pastor Principal   X
Signature of Church Officer/Firma de un Oficial de la iglesia   X

MEETING AGENDA/AGENDA DE REUNIONES

DATE/FECHA:

Organizer/Organizador:

Attendees/Invitados:

Special Guest/Invitado Special:

Purpose/Objetivo:

Place/Lugar

Time Allotted/Horario	Topic/Tema	Presenter/Presentador
	Questions & Answers/Preguntas y Respuestas	

NOTES/NOTAS:

Expense Reimbursement Form / Formulario de Gastos - Reembolso

Name/Nombre

Approved by/Aprobado por:

Date/Fecha:

Business Purpose/Propósito:

Date of Expense/Dia del Gasto

From/Desde:

To/Hasta:

Itemized Expenses/
Detalle de Gastos

Date/Fecha	Description/ Descripción del Gasto	Category/Clase	Cost/Gastos:

SUBTOTAL	$ -
Less Cash Advance/ Menos Avance	
TOTAL	$

attach receipts/ adjuntar recibos

Note: Mileage reimbursement for personal car = based on IRS regulations

Nota: El millaje por el uso personal del auto está basado por la tarifa del IRS.

Individual's Signature/ Firma del Individuo

x_____   Date/Fecha_____

Approval Signature for payment / Firma Aprobando el pago_____   Date/Fecha_____

TRAVEL FORM/ FORMULARIO DE VIAJE

Name/Nombre		Notes/Notas	
Purpose/Propósito:			

Trip Hours/Horas de Viaje	Dates/ Fechas		

Expenses/Gastos	Dates/ Fechas	Details/Detalles				Amount/ Monto
Transportation/ Transportación		Air/Por Avión	Taxi	Rental car/Auto Rentado	Other/Otro Medio	
		Air/Por Avión	Taxi	Rental car/Auto Rentado	Other/Otro Medio	
		Air/Por Avión	Taxi	Rental car/Auto Rentado	Other/Otro Medio	
Own Car/Auto personal		Mileage/Millage				
Lodging/Hotel		Location/Lugar				
		Location/Lugar				
		Location/Lugar				
Meals/Comidas/ Restaurant		(Not to exceed the IRS rate/No exceder la tarifa del IRS				
		(Not to exceed the IRS rate/No exceder la tarifa del IRS				
Conference fees/Gastos de Conferencia		Purpose/Propósito				
Other/Otros		Purpose/Propósito				
Other/Otros		Purpose/Propósito				
Other/Otros		Purpose/Propósito				
		Subtotal				
	Less amount paid by company/Menos gastos pagado por la iglesia					
	Total amount owing to the individual/Total para el individuo					

Signatures of the individual and approval/Firma del individuo y de aprobación	X X	Date/Fecha	

87

PART III -
PARTE III

ACCOUNTING FORMS & NOTES

FORMULARIOS CONTABLES Y NOTAS

ENGLISH/SPANISH

INGLÉS/ESPAÑOL

Mes/Month: _____ 20___

DIA/ DAY	Fecha /Date	C=Cheque/ Check $$=efectivo/ Cash	Contribuido por/ Contributor	Ofrendas Generales/ General Offerings	Diezmos/ Tithes	Pro- Templo/ Pro-Temple	Misiones/ Missions	Escuela Dominical/ Sunday School	Jóvenes/ Youth	Otras/ Other	Otras/ Other	TOTAL
1												
2												
3												
4												
5												
6												
7												
8												
9												
10												
11												
12												
13												
14												
15												
16												
17												
18												
19												
20												
21												
22												
23												
24												
25												
26												
27												
28												
29												
30												
31												
TOTAL												

ENTRADAS/RECEIPTS

Mes/Month: _____ 20____

DIA/ DAY	Fecha/ Date	C=Cheque/ Check $$=efectivo/ Cash Contribuido por/ Contributor	Ofrendas Generales/ General Offerings	Diezmos/ Tithes	Pro- Templo/ Pro-Temple	Misiones/ Missions	Escuela Dominical/ Sunday School	Jóvenes/ Youth	Otras/ Other	Otras/ Other	TOTAL
1											
2											
3											
4											
5											
6											
7											
8											
9											
10											
11											
12											
13											
14											
15											
16											
17											
18											
19											
20											
21											
22											
23											
24											
25											
26											
27											
28											
29											
30											
31											
TOTAL											

ENTRADAS/RECEIPTS

Mes/Month: _____ 20___

DIA/ DAY	Fecha/ Date	C=Cheque/ Check $$=efectivo/ Cash	Contribuido por/ Contributor	Ofrendas Generales/ General Offerings	Diezmos/ Tithes	Pro- Templo/ Pro-Temple	Misiones/ Missions	Escuela Dominical/ Sunday School	Jóvenes/ Youth	Otras/ Other	Otras/ Other	TOTAL
1												
2												
3												
4												
5												
6												
7												
8												
9												
10												
11												
12												
13												
14												
15												
16												
17												
18												
19												
20												
21												
22												
23												
24												
25												
26												
27												
28												
29												
30												
31												
TOTAL												

ENTRADAS/RECEIPTS

Mes/Month: _____ 20____

DIA/DAY	Fecha/Date	C=Cheque/Check $$=efectivo/Cash Contribuido por/Contributor	Ofrendas Generales/General Offerings	Diezmos/Tithes	Pro-Templo/Pro-Temple	Misiones/Missions	Escuela Dominical/Sunday School	Jóvenes/Youth	Otras/Other	Otras/Other	TOTAL
1											
2											
3											
4											
5											
6											
7											
8											
9											
10											
11											
12											
13											
14											
15											
16											
17											
18											
19											
20											
21											
22											
23											
24											
25											
26											
27											
28											
29											
30											
31											
TOTAL											

ENTRADAS/RECEIPTS

Mes/Month: _____ 20___

DIA/ DAY	Fecha/ Date	C=Cheque/ Check $$=efectivo/ Cash	Contribuido por/ Contributor	Ofrendas Generales/ General Offerings	Diezmos/ Tithes	Pro-Templo/ Pro-Temple	Misiones/ Missions	Escuela Dominical/ Sunday School	Jóvenes/ Youth	Otras/ Other	Otras/ Other	TOTAL
1												
2												
3												
4												
5												
6												
7												
8												
9												
10												
11												
12												
13												
14												
15												
16												
17												
18												
19												
20												
21												
22												
23												
24												
25												
26												
27												
28												
29												
30												
31												
TOTAL												

ENTRADAS/RECEIPTS

Mes/Month: _____ **20** ____

DIA/ DAY	Fecha/ Date	Ch:Cheque/ Check	$$:efectivo/ Cash	Contribuido por/ Contributor	Ofrendas Generales/ General Offerings	Diezmos/ Tithes	Pro-Templo/ Pro-Temple	Misiones/ Missions	Escuela Dominical/ Sunday School	Jóvenes/ Youth	Otras/ Other	Otras/ Other	TOTAL
1													
2													
3													
4													
5													
6													
7													
8													
9													
10													
11													
12													
13													
14													
15													
16													
17													
18													
19													
20													
21													
22													
23													
24													
25													
26													
27													
28													
29													
30													
31													
TOTAL													

ENTRADAS/RECEIPTS

Mes/Month: _____ 20___

DIA/ DAY	Fecha/ Date	C=Cheque/ Check $$=efectivo/ Cash	Contribuido por/ Contributor	Ofrendas Generales/ General Offerings	Diezmos/ Tithes	Pro-Templo/ Pro-Temple	Misiones/ Missions	Escuela Dominical/ Sunday School	Jóvenes/ Youth	Otras/ Other	Otras/ Other	TOTAL
1												
2												
3												
4												
5												
6												
7												
8												
9												
10												
11												
12												
13												
14												
15												
16												
17												
18												
19												
20												
21												
22												
23												
24												
25												
26												
27												
28												
29												
30												
31												
TOTAL												

ENTRADAS/RECEIPTS

Mes/Month: _____ 20___

DIA/DAY	Fecha/Date	C=Cheque/Check $$=efectivo/Cash	Contribuido por/Contributor	Ofrendas Generales/General Offerings	Diezmos/Tithes	Pro-Templo/Pro-Temple	Misiones/Missions	Escuela Dominical/Sunday School	Jóvenes/Youth	Otras/Other	Otras/Other	TOTAL
1												
2												
3												
4												
5												
6												
7												
8												
9												
10												
11												
12												
13												
14												
15												
16												
17												
18												
19												
20												
21												
22												
23												
24												
25												
26												
27												
28												
29												
30												
31												
TOTAL												

ENTRADAS/RECEIPTS

Mes/Month: _____ 20___

DIA/ Day	Fecha/ Date	C=Cheque/ Check $$=efectivo/ Cash	Contribuido por/ Contributor	Ofrendas Generales/ General Offerings	Diezmos/ Tithes	Pro-Templo/ Pro-Temple	Misiones/ Missions	Escuela Dominical/ Sunday School	Jóvenes/ Youth	Otras/ Other	Otras/ Other	TOTAL
1												
2												
3												
4												
5												
6												
7												
8												
9												
10												
11												
12												
13												
14												
15												
16												
17												
18												
19												
20												
21												
22												
23												
24												
25												
26												
27												
28												
29												
30												
31												
TOTAL												

ENTRADAS/RECEIPTS

DIA/ DAY	Fecha/ Date	Cheque/ Check $$=efectivo/ Cash	Contribuido por/ Contributor	Ofrendas Generales/ General Offerings	Diezmos/ Tithes	Pro- Templo/ Pro-Temple	Misiones/ Missions	Escuela Dominical/ Sunday School	Jóvenes/ Youth	Otras/ Other	Otras/ Other	TOTAL
1												
2												
3												
4												
5												
6												
7												
8												
9												
10												
11												
12												
13												
14												
15												
16												
17												
18												
19												
20												
21												
22												
23												
24												
25												
26												
27												
28												
29												
30												
31												
TOTAL												

ENTRADAS/RECEIPTS

Mes/Month: _____ 20___

DIA/ DAY	Fecha/ Date	C=Cheque/ Check $$=efectivo/ Cash	Contribuido por/ Contributor	Ofrendas Generales/ General Offerings	Diezmos/ Tithes	Pro-Templo/ Pro-Temple	Misiones/ Missions	Escuela Dominical/ Sunday School	Jóvenes/ Youth	Otras/ Other	Otras/ Other	TOTAL
1												
2												
3												
4												
5												
6												
7												
8												
9												
10												
11												
12												
13												
14												
15												
16												
17												
18												
19												
20												
21												
22												
23												
24												
25												
26												
27												
28												
29												
30												
31												
TOTAL												

ENTRADAS/RECEIPTS

Mes/Month: _____   20 ___

DIA/ DAY	Fecha/ Date	C=Cheque/ Check $$=efectivo/ Cash	Contribuido por/ Contributor	Ofrendas Generales/ General Offerings	Diezmos/ Tithes	Pro-Templo/ Pro-Temple	Misiones/ Missions	Escuela Dominical/ Sunday School	Jóvenes/ Youth	Otras/ Other	Otras/ Other	TOTAL
1												
2												
3												
4												
5												
6												
7												
8												
9												
10												
11												
12												
13												
14												
15												
16												
17												
18												
19												
20												
21												
22												
23												
24												
25												
26												
27												
28												
29												
30												
31												
TOTAL												

DAILY – DIARIO - SALIDAS/ EXPENSES

Mes/Month: _____ 20___

DIA/ DAY	Fecha /Date	C=Cheque/ Check $$=efectivo/ Cash	Pagado a: Pay to:	Gastos de Automóvil/ Automobile Expenses	Renta/ Hipoteca Rent/ Mortgage	Reparaciones /Repairs	Ofrendas de Amor/ Love Offerings	Contratista /Contractor	Special Events/ Eventos Especiales	Salario-Ayuda Pastor/Salary Housing Allow	Otros/ Other	TOTAL
1												
2												
3												
4												
5												
6												
7												
8												
9												
10												
11												
12												
13												
14												
15												
16												
17												
18												
19												
20												
21												
22												
23												
24												
25												
26												
27												
28												
29												
30												
31												
TOTAL												

SALIDAS/EXPENSES

Mes/Month: _____ 20____

DIA/DAY	Fecha/Date	C=Cheque/Check $$=Efectivo/Cash	Pagado a: Pay to:	Gastos de Automóvil/ Automobile Expenses	Renta/ Hipoteca Rent/ Mortgage	Reparaciones /Repairs	Ofrendas de Amor/ Love Offerings	Contratista /Contractor	Special Events/ Eventos Especiales	Salario-Ayuda Pastor/ Salary Housing Allow	Otros/ Other	TOTAL
1												
2												
3												
4												
5												
6												
7												
8												
9												
10												
11												
12												
13												
14												
15												
16												
17												
18												
19												
20												
21												
22												
23												
24												
25												
26												
27												
28												
29												
30												
31												
TOTAL												

SALIDAS/EXPENSES

Mes/Month: _____ 20___

DIA/ DAY	Fecha /Date	C=Cheque/ Check $$=efectivo/ Cash	Pagado a: Pay to:	Gastos de Automóvil/ Automobile Expenses	Renta/ Hipoteca Rent/ Mortgage	Reparaciones /Repairs	Ofrendas de Amor/ Love Offerings	Contratista /Contractor	Special Events/ Eventos Especiales	Salario-Ayuda Pastor/ Salary Housing Allow	Otros/ Other	TOTAL
1												
2												
3												
4												
5												
6												
7												
8												
9												
10												
11												
12												
13												
14												
15												
16												
17												
18												
19												
20												
21												
22												
23												
24												
25												
26												
27												
28												
29												
30												
31												
TOTAL												

SALIDAS/EXPENSES

DIA/DAY	Fecha /Date	C=Cheque/Check $$=efectivo/Cash	Pagado a: Pay to:	Gastos de Automóvil/ Automobile Expenses	Renta/ Hipoteca Rent/ Mortgage	Reparaciones /Repairs	Ofrendas de Amor/ Love Offerings	Contratista /Contractor	Special Events/ Eventos Especiales	Salario-Ayuda Pastor/ Salary Housing Allow	Otros/ Other	TOTAL
1												
2												
3												
4												
5												
6												
7												
8												
9												
10												
11												
12												
13												
14												
15												
16												
17												
18												
19												
20												
21												
22												
23												
24												
25												
26												
27												
28												
29												
30												
31												
TOTAL												

SALIDAS/EXPENSES

Mes/Month: _____ 20____

DIA/DAY	Fecha/Date	C=Cheque/Check $$=efectivo/Cash Pagado a:/Pay to:	Gastos de Automóvil/Automobile Expenses	Renta/Hipoteca Rent/Mortgage	Reparaciones/Repairs	Ofrendas de Amor/Love Offerings	Contratista/Contractor	Special Events/Eventos Especiales	Salario-Ayuda Pastor/Salary Housing Allow	Otros/Other	TOTAL
1											
2											
3											
4											
5											
6											
7											
8											
9											
10											
11											
12											
13											
14											
15											
16											
17											
18											
19											
20											
21											
22											
23											
24											
25											
26											
27											
28											
29											
30											
31											
TOTAL											

SALIDAS/EXPENSES

Mes/Month: _____ 20___

DIA/ DAY	Fecha /Date	C=Cheque/ Check $$=efectivo/ Cash	Pagado a: Pay to:	Gastos de Automóvil/ Automobile Expenses	Renta/ Hipoteca Rent/ Mortgage	Reparaciones /Repairs	Ofrendas de Amor/ Love Offerings	Contratista /Contractor	Special Events/ Eventos Especiales	Salario-Ayuda Pastor/ Salary Housing Allow	Otros/ Other	TOTAL
1												
2												
3												
4												
5												
6												
7												
8												
9												
10												
11												
12												
13												
14												
15												
16												
17												
18												
19												
20												
21												
22												
23												
24												
25												
26												
27												
28												
29												
30												
31												
TOTAL												

SALIDAS/EXPENSES

Mes/Month: _____ **20___**

DIA/DAY	Fecha /Date	C=Cheque/Check $$=efectivo/Cash	Pagado a: Pay to:	Gastos de Automóvil/ Automobile Expenses	Renta/ Hipoteca Rent/ Mortgage	Reparaciones /Repairs	Ofrendas de Amor/ Love Offerings	Contratista /Contractor	Special Events/ Eventos Especiales	Salario-Ayuda Pastor/ Salary Housing Allow	Otros/ Other	TOTAL
1												
2												
3												
4												
5												
6												
7												
8												
9												
10												
11												
12												
13												
14												
15												
16												
17												
18												
19												
20												
21												
22												
23												
24												
25												
26												
27												
28												
29												
30												
31												
TOTAL												

SALIDAS/EXPENSES

Mes/Month: _____ **20____**

DIA/ DAY	Fecha /Date	C= Cheque/ Check $$=efectivo/ Cash	Pagado a: Pay to:	Gastos de Automóvil/ Automobile Expenses	Renta/ Hipoteca Rent/ Mortgage	Reparaciones /Repairs	Ofrendas de Amor/ Love Offerings	Contratista /Contractor	Special Events/ Eventos Especiales	Salario-Ayuda Pastor/ Salary Housing Allow	Otros/ Other	TOTAL
1												
2												
3												
4												
5												
6												
7												
8												
9												
10												
11												
12												
13												
14												
15												
16												
17												
18												
19												
20												
21												
22												
23												
24												
25												
26												
27												
28												
29												
30												
31												
TOTAL												

SALIDAS/EXPENSES

Mes/Month: _____ 20____

DIA/ DAY	Fecha /Date	C=Cheque/ Check $$=efectivo/ Cash	Pagado a: Pay to:	Gastos de Automóvil/ Automobile Expenses	Renta/ Hipoteca Rent/ Mortgage	Reparaciones /Repairs	Ofrendas de Amor/ Love Offerings	Contratista /Contractor	Special Events/ Eventos Especiales	Salario-Ayuda Pastor/ Salary Housing Allow	Otros/ Other	TOTAL
1												
2												
3												
4												
5												
6												
7												
8												
9												
10												
11												
12												
13												
14												
15												
16												
17												
18												
19												
20												
21												
22												
23												
24												
25												
26												
27												
28												
29												
30												
31												
TOTAL												

SALIDAS/EXPENSES

Mes/Month: _____ 20____

DIA/DAY	Fecha /Date	C=Cheque/ Check $$=efectivo/ Cash	Pagado a: Pay to:	Gastos de Automóvil/ Automobile Expenses	Renta/ Hipoteca Rent/ Mortgage	Reparaciones /Repairs	Ofrendas de Amor/ Love Offerings	Contratista /Contractor	Special Events/ Eventos Especiales	Salario-Ayuda Pastor/ Salary Housing Allow	Otros/ Other	TOTAL
1												
2												
3												
4												
5												
6												
7												
8												
9												
10												
11												
12												
13												
14												
15												
16												
17												
18												
19												
20												
21												
22												
23												
24												
25												
26												
27												
28												
29												
30												
31												
TOTAL												

SALIDAS/EXPENSES

Mes/Month: _____ 20____

DIA/ DAY	Fecha /Date	C=Cheque/ Check $$=efectivo/ Cash	Pagado a: Pay to:	Gastos de Automóvil/ Automobile Expenses	Renta/ Hipoteca Rent/ Mortgage	Reparaciones /Repairs	Ofrendas de Amor/ Love Offerings	Contratista /Contractor	Special Events/ Eventos Especiales	Salario-Ayuda Pastor/ Salary Housing Allow	Otros/ Other	TOTAL
1												
2												
3												
4												
5												
6												
7												
8												
9												
10												
11												
12												
13												
14												
15												
16												
17												
18												
19												
20												
21												
22												
23												
24												
25												
26												
27												
28												
29												
30												
31												
TOTAL												

SALIDAS/EXPENSES

Mes/Month: _____ 20____

DIA/DAY	Fecha/Date	C=Cheque/Check $$=Efectivo/Cash	Pagado a: Pay to:	Gastos de Automóvil/Automobile Expenses	Renta/Hipoteca Rent/Mortgage	Reparaciones/Repairs	Ofrendas de Amor/Love Offerings	Contratista/Contractor	Special Events/Eventos Especiales	Salario-Ayuda Pastor/Salary Housing Allow	Otros/Other	TOTAL
1												
2												
3												
4												
5												
6												
7												
8												
9												
10												
11												
12												
13												
14												
15												
16												
17												
18												
19												
20												
21												
22												
23												
24												
25												
26												
27												
28												
29												
30												
31												
TOTAL												

Date and Place/Fecha y Lugar: _____

Topic and Author/Tema y Autor_____

NOTES/NOTAS:

_____

_____

_____

_____

_____

_____

_____

_____

_____

_____

_____

_____

_____

_____

Date and Place/Fecha y Lugar: _____

Topic and Author/Tema y Autor _____

NOTES/NOTAS:

_____

_____

_____

_____

_____

_____

_____

_____

_____

_____

_____

_____

_____

_____

_____

Date and Place/Fecha y Lugar: _____

Topic and Author/Tema y Autor_____

NOTES/NOTAS:

_____

_____

_____

_____

_____

_____

_____

_____

_____

_____

_____

_____

_____

_____

Date and Place/Fecha y Lugar: _____

Topic and Author/Tema y Autor _____

NOTES/NOTAS:

_____

_____

_____

_____

_____

_____

_____

_____

_____

_____

_____

_____

_____

_____

_____

Date and Place/Fecha y Lugar: _____

Topic and Author/Tema y Autor_____

NOTES/NOTAS:

_____

_____

_____

_____

_____

_____

_____

_____

_____

_____

_____

_____

_____

Date and Place/Fecha y Lugar: _____

Topic and Author/Tema y Autor _____

NOTES/NOTAS:

_____

_____

_____

_____

_____

_____

_____

_____

_____

_____

_____

_____

_____

_____

Date and Place/Fecha y Lugar: _____

Topic and Author/Tema y Autor _____

NOTES/NOTAS:

_____

_____

_____

_____

_____

_____

_____

_____

_____

_____

_____

_____

_____

_____

Date and Place/Fecha y Lugar: _____

Topic and Author/Tema y Autor _____

NOTES/NOTAS:

_____

_____

_____

_____

_____

_____

_____

_____

_____

_____

_____

_____

_____

Date and Place/Fecha y Lugar: _____

Topic and Author/Tema y Autor_____

NOTES/NOTAS:

_____

_____

_____

_____

_____

_____

_____

_____

_____

_____

_____

_____

_____

_____

Date and Place/Fecha y Lugar: _____

Topic and Author/Tema y Autor _____

NOTES/NOTAS:

_____

_____

_____

_____

_____

_____

_____

_____

_____

_____

_____

_____

_____

APPENDIXES/
APÉNDICES

UPDATED/
ACTUALIZADOS

APPENDIXES
ENGLISH VERSION

APPENDIXES

INDEX - PART IV

*NOTE:

Appendixes B, C, and D have been designed based on the model published by the State of New York issued in 2019. The language and grammar are almost identical to the model published by New York State. If your Church is not a resident of New York State consult an attorney of your state because these appendixes may need to be modified to comply with state and local laws.

APPENDIX A

A-1

CHILD PROTECTION POLICY

PURPOSE

The purpose of this policy is to provide a safe and secure environment for our children and to protect them from all type of child abuses.

Definitions

Below is a list of definitions for the purpose of this policy.

Child: A "child" or "children" includes all persons under the age of 18 years.

Worker: A worker includes paid and volunteer persons who work with children or have any type of contact with the child or children in our Church and any place where our Church conducts their activities (picnics, parks, retreats, etc.).

Child Abuse: is any action (or lack of action) that harms or endangers a child's physical, psychological, or emotional health and development. There is different type of child abuses, and they are as follows:

Physical abuse is any physical injury to a child that is not accidental, such as, hitting, biting, beating, shaking and burns.

Emotional abuse is when the child is not nurtured or provided with love and security and therefore their mental health is at danger. Also, when a person creates an environment of constant criticism, belittling, and persistent teasing against the child.

Sexual abuse is fondling, exhibitionism, incest, pornography or any sexual activity between a child and an adult. Also, it can be between a child and another child at least four years older.

Neglect is when a person deprives a child of his or her essential needs, such as medical care, adequate food, water and shelter.

Worker Selection Process

All workers that will have contact with children will be screened in the following manner:

1) **Written Application and References.** All workers must complete and sign a written application (see appendix E) and provide at least two references, preferably from the organization where the applicant worked with children. References should be checked and documented. References can be checked after the position has been accepted but NOT before their commencement of employment.

2) **Interview.** A face to face interview should be scheduled with the applicant to discuss his or his qualifications for the position. Also, the pastor should interview the candidate if the first interviewer feels that the person qualifies for the position.

3) **Additional Qualifications.** All applicants that work with children in our Church should be "born again" and water baptized, and should be attending our Church for a minimum of six months. This will help evaluate the candidate if he or she is suitable for the position.

4) **Background Check (Criminal).** The Church will ask the candidate to sign an authorization for the Church to run only a criminal background check (not a credit check). If the candidate refuses to conduct such background check, the Church should disqualify the candidate automatically for the position. All background checks will be kept confidential in the Church files.

RULES:

Following are the ten rules that our Church is adopting regarding our Child Abuse and Protection Policy.

RULE No. 1 – TWO ADULTS AND OPEN DOORS

We prefer that at least two adults should be in charged when children are supervised in our Sunday school or any other event with children. If one adult is only available, then doors to the classroom must be opened, or unless it has large windows and these windows are also opened and the view is clear.

At least three children should be with the teacher, and we do not allow any children to be alone with an adult in our classes. (except their parents). If it is a counseling session, then the door should also be opened.

RULE No. 2 – RESPONSE TO CHILD ABUSE

If one of our Church workers or any individual becomes aware that a child has been abused or neglected, they must take the following action:

1) Report the abuse to the Pastor and/or the authority immediately as mandated by state law.
2) Let the parent know, unless the worker suspects the abuser may be the parent or the guardian.
3) If the alleged worker is to be the perpetrator, then suspend this worker immediately, and ask him or her to remain away from the Church during the investigation.
4) Our Church will notify and cooperate with authorities to be in compliance will all state laws regarding mandatory reporting.
5) Our Church will immediately complete an incident report and all allegations will be sent to the insurance company if covered.
6) Our Church will seek the advice of legal counsel before responding to media inquiries or releasing information to the congregation.
7) Any person that was found guilty, will be removed from the position, and will not have access to any location that can have access to our children.

RULE No. 3 – CHECK-IN IN AND CHECK OUT CHILDREN UNDER 10

A child under 10 must be signed in by a parent or guardian and will receive a "child check". When another person or guardian picks him/her, they should present the "Child Check". If they do not have the ticket, then our Church worker should contact the parents.

RULE No. 4 - TEENAGERS WATCHING OUR CHILDREN

In certain occasions we may have teenagers (under 18) take care of our children during programs or activities. In this situation, children must be at least 14 years old, must be screened as explained above, be under the supervision of an adult and never be left alone with children.

RULE No. 5 – MEDICATION/SICK CHILD AND ACCIDENTAL INJURY POLICY.

Medication, either prescribed or over the counter should be administered by the parents and not by our Church workers. In certain situations when the child needs medications that are life threatening, then a plan of action should be discussed with the parent.

Also, parents should not drop off children that are sick or have the following symptoms: eye or skin irritations, fever, diarrhea, vomits, green or yellow runny nose, or other contagious diseases.

In the event a child gets hurt accidentally, and it is minimal, provide first aid (band aids, etc.), and let the parent know when the child is picked up. If the injury is serious notify the parent immediately and call the ambulance or police if necessary. You may also file an incident report with the proper authorities (police, ambulance, hospital, etc.)

RULE No. 6 – RESTROOM GUIDELINES

If the Sunday school classroom has no bathroom, then the workers should escort a group of children to the hallway restroom. Workers should not take the child to the bathroom alone, always go in a group and wait outside the bathroom. The worker should first check the restroom first to make sure it is unoccupied. After the child exits the bathroom, the worker immediately escorts the child back to the classroom.

If the child is taking too long, then the worker should open the door and ask the child if he is ok. If the child requires assistance the worker should prop open the bathroom door and leave the stall door open while assisting the child.

If children are five or older, it is recommended that an adult male escort the boys to the restroom and an adult female to the girls' bathroom with the same guidelines as shown above.

RULE No. 7 – TRANSPORTATION

Drivers should be screened for criminal background check as explained above. Drivers should not be driving alone with a child. There should be an assistant driver at all times. At the end of the trip, the driver and assistant driver should check the automobile of van to make sure there are not children sleeping and post a sign "Vehicle check for Sleeping or hidden Children". All drivers should be listed on Church automobile policy and covered and approved by the insurance company.

RULE No. 8 – DISCIPLINE

Our Church will not administer corporal punishment, therefore, there should be no hitting, spanking, grabbing or any other form of physical discipline. Workers should consult with parents if the child has discipline issues, but in no circumstances the worker should physically punish the child even if the parents approve it or suggest it.

RULE No. 9– TRAINING

Our Church will train our workers in the above areas, and will have our workers also acknowledge these rules annually by signing below.

RULE No. 10 - ACKNOWLEDGEMENT & CERTIFICATION

I have read the above policy and procedures, and will comply with all the above rules.

_____   _____

Employee/Worker's Name   Date

Our Church/Ministry adopts this policy for the current year and all succeeding years until amended or rescinded:

_____

Signature of Officer/Corporate Seal/Date

A-2

_____ (Church Name)

BACKGROUND AND CRIMINAL RECORD CONSENT

Name: _____

Additional Names used _____

Address: _____

Address: _____

Previous address if lived less than two years:

_____

email: _____ Telephone: _____

Gender:("M" o "F") _____ Date of Birth: _____

Social Security or TIN Number: _____

Have you ever been convicted of a crime? YES_____ NO_____

If yes, please explain: _____

_____

_____

I, _____ hereby authorize:

(name of the church) _____
to conduct a criminal and background investigation, including references, past employment, education, police records and any other public records in order to confirm the information provided on this application.

I also release the Church, its agents, or any entity that provides the information from any liabilities, claims or lawsuits.

The information above is true and correct to the best of my knowledge.

SIGNATURE: X_____

NOTE: THIS FORM IS ONLY TO RUN A BACKGROUND CHECK. IF THE INDIVIDUAL IS AN EMPLOYEE, VOLUNTEER OR CONTRACTOR, YOU SHOULD ALSO USE THE FORMS THAT ARE LISTED IN OUR "MANUAL FINANCIERO Y TRIBUTARIO", PAGES #116, #117 AND #105.

A-3

_____ (Name of church)

CHILD INCIDENT REPORT

Date of the Incident_____Time: _____

Name of the Child: _____

Parent's name or Guardian _____

Place of Occurrence: _____

Address: _____

Below provide the names of the witnesses if any:
_____
_____

Describe what happened (briefly)
_____
_____
_____

Did the child talk to you about the incident? Briefly describe what the child told
you_____
_____

If the child did not tell you, but you suspect child abuse, please describe the
reasons for your suspicion _____
_____
_____

How did you handle this incident? _____
_____

Did you report this incident to the pastor, or the individual assigned for these matters?

YES_____NO _____ Reason: _____

Has the incident been resolved? YES_____ NO_____In Process_____

_____X_____
(Name and Signature of individual reporting this incident)

APPENDIX B

B-1

SEXUAL HARASSMENT POLICY FOR ALL CHURCHES IN NEW YORK STATE

Purpose/Introduction

[*Church Name*] is committed to maintaining a workplace free from sexual harassment. Sexual harassment is a form of workplace discrimination. All employees are required to work in a manner that prevents sexual harassment in the workplace. This Policy is one component of [*Church Name's*] commitment to a discrimination-free work environment. Sexual harassment is against the law[**] and all employees have a legal right to a workplace free from sexual harassment and employees are urged to report sexual harassment by filing a complaint internally with [*Church Name*]. Employees can also file a complaint with a government agency or in court under federal, state or local antidiscrimination laws.

Policy:

1. [*Church Name's*] policy applies to all employees, applicants for employment, interns, whether paid or unpaid, contractors and persons conducting business, regardless of immigration status, with [*Church Name*]. In the remainder of this document, the term "employees" refers to this collective group.

2. Sexual harassment will not be tolerated. Any employee or individual covered by this policy who engages in sexual harassment or retaliation will be subject to remedial and/or disciplinary action (e.g., counseling, suspension, termination).

3. Retaliation Prohibition: No person covered by this Policy shall be subject to adverse action because the employee reports an incident of sexual harassment, provides information, or otherwise assists in any investigation of a sexual harassment complaint. [*Church Name*] will not tolerate such retaliation against anyone who, in good faith, reports or provides information about suspected sexual harassment. Any employee of [*Church Name*] who retaliates against anyone involved in a sexual harassment investigation

[**] While this policy specifically addresses sexual harassment, harassment because of and discrimination against persons of all protected classes is prohibited. In New York State, such classes include age, race, creed, color, national origin, sexual orientation, military status, sex, disability, marital status, domestic violence victim status, gender identity and criminal history.

will be subjected to disciplinary action, up to and including termination. All employees, paid or unpaid interns, or non-employees*** working in the workplace who believe they have been subject to such retaliation should inform a supervisor, manager, or [*name of appropriate person*]. All employees, paid or unpaid interns or non-employees who believe they have been a target of such retaliation may also seek relief in other available forums, as explained below in the section on Legal Protections.

4. Sexual harassment is offensive, is a violation of our policies, is unlawful, and may subject [*Church Name*] to liability for harm to targets of sexual harassment. Harassers may also be individually subject to liability. Employees of every level who engage in sexual harassment, including managers and supervisors who engage in sexual harassment or who allow such behavior to continue, will be penalized for such misconduct.

5. [*Church Name*] will conduct a prompt and thorough investigation that ensures due process for all parties, whenever management receives a complaint about sexual harassment, or otherwise knows of possible sexual harassment occurring. [*Church Name*] will keep the investigation confidential to the extent possible. Effective corrective action will be taken whenever sexual harassment is found to have occurred. All employees, including managers and supervisors, are required to cooperate with any internal investigation of sexual harassment.

6. All employees are encouraged to report any harassment or behaviors that violate this policy. [*Church Name*] will provide all employees a complaint form for employees to report harassment and file complaints.

7. Managers and supervisors are **required** to report any complaint that they receive, or any harassment that they observe or become aware of, to [*person or office designated*].

8. This policy applies to all employees, paid or unpaid interns, and non-employees and all must follow and uphold this policy. This policy must be provided to all employees and should be posted prominently in all work locations to the extent practicable (for example, in a main office, not an offsite work location) and be provided to employees upon hiring.

*** A non-employee is someone who is (or is employed by) a contractor, subcontractor, vendor, consultant, or anyone providing services in the workplace. Protected non-employees include persons commonly referred to as independent contractors, "gig" workers and temporary workers. Also included are persons providing equipment repair, cleaning services or any other services provided pursuant to a contract with the church.

What Is "Sexual Harassment"?

Sexual harassment is a form of sex discrimination and is unlawful under federal, state, and (where applicable) local law. Sexual harassment includes harassment on the basis of sex, sexual orientation, self-identified or perceived sex, gender expression, gender identity and the status of being transgender.

Sexual harassment includes unwelcome conduct which is either of a sexual nature, or which is directed at an individual because of that individual's sex when:

- Such conduct has the purpose or effect of unreasonably interfering with an individual's work performance or creating an intimidating, hostile or offensive work environment, even if the reporting individual is not the intended target of the sexual harassment;
- Such conduct is made either explicitly or implicitly a term or condition of employment; or
- Submission to or rejection of such conduct is used as the basis for employment decisions affecting an individual's employment.

A sexually harassing hostile work environment includes, but is not limited to, words, signs, jokes, pranks, intimidation or physical violence which are of a sexual nature, or which are directed at an individual because of that individual's sex. Sexual harassment also consists of any unwanted verbal or physical advances, sexually explicit derogatory statements or sexually discriminatory remarks made by someone which are offensive or objectionable to the recipient, which cause the recipient discomfort or humiliation, which interfere with the recipient's job performance.

Sexual harassment also occurs when a person in authority tries to trade job benefits for sexual favors. This can include hiring, promotion, continued employment or any other terms, conditions or privileges of employment. This is also called "quid pro quo" harassment.

Any employee who feels harassed should report so that any violation of this policy can be corrected promptly. Any harassing conduct, even a single incident, can be addressed under this policy.

Examples of sexual harassment

The following describes some of the types of acts that may be unlawful sexual harassment and that are strictly prohibited:

- Physical acts of a sexual nature, such as:

- Touching, pinching, patting, kissing, hugging, grabbing, brushing against another employee's body or poking another employee's body;
- Rape, sexual battery, molestation or attempts to commit these assaults.

- Unwanted sexual advances or propositions, such as:
  - Requests for sexual favors accompanied by implied or overt threats concerning the target's job performance evaluation, a promotion or other job benefits or detriments;
  - Subtle or obvious pressure for unwelcome sexual activities.

- Sexually oriented gestures, noises, remarks or jokes, or comments about a person's sexuality or sexual experience, which create a hostile work environment.

- Sex stereotyping occurs when conduct or personality traits are considered inappropriate simply because they may not conform to other people's ideas or perceptions about how individuals of a particular sex should act or look.

- Sexual or discriminatory displays or publications anywhere in the workplace, such as:
  - Displaying pictures, posters, calendars, graffiti, objects, promotional material, reading materials or other materials that are sexually demeaning or pornographic. This includes such sexual displays on workplace computers or cell phones and sharing such displays while in the workplace.

- Hostile actions taken against an individual because of that individual's sex, sexual orientation, gender identity and the status of being transgender, such as:
  - Interfering with, destroying or damaging a person's workstation, tools or equipment, or otherwise interfering with the individual's ability to perform the job;
  - Sabotaging an individual's work;
  - Bullying, yelling, name-calling.

Who can be a target of sexual harassment?

Sexual harassment can occur between any individuals, regardless of their sex or gender. New York Law protects employees, paid or unpaid interns, and non-employees, including independent contractors, and those employed by companies contracting to provide services in the workplace. Harassers can be a superior, a subordinate, a coworker or anyone in the workplace including an independent contractor, contract worker, vendor, client, customer or visitor.

<u>**Where can sexual harassment occur?**</u>

Unlawful sexual harassment is not limited to the physical workplace itself. It can occur while employees are traveling for business or at the Church's sponsored events or parties. Calls, texts, emails, and social media usage by employees can constitute unlawful workplace harassment, even if they occur away from the workplace premises, on personal devices or during non-work hours.

Retaliation

Unlawful retaliation can be any action that could discourage a worker from coming forward to make or support a sexual harassment claim. Adverse action need not be job-related or occur in the workplace to constitute unlawful retaliation (e.g., threats of physical violence outside of work hours).

Such retaliation is unlawful under federal, state, and (where applicable) local law. The New York State Human Rights Law protects any individual who has engaged in "protected activity." Protected activity occurs when a person has:

- made a complaint of sexual harassment, either internally or with any anti-discrimination agency;
- testified or assisted in a proceeding involving sexual harassment under the Human Rights Law or other anti-discrimination law;
- opposed sexual harassment by making a verbal or informal complaint to management, or by simply informing a supervisor or manager of harassment;
- reported that another employee has been sexually harassed; or
- encouraged a fellow employee to report harassment.

Even if the alleged harassment does not turn out to rise to the level of a violation of law, the individual is protected from retaliation if the person had a good faith belief that the practices were unlawful. However, the retaliation provision is not intended to protect persons making intentionally false charges of harassment.

Reporting Sexual Harassment

Preventing sexual harassment is everyone's responsibility. [*Church Name*] cannot prevent or remedy sexual harassment unless it knows about it. Any employee, paid or unpaid intern or non-employee who has been subjected to behavior that may constitute sexual harassment is encouraged to report such behavior to a supervisor, manager or [*person or office designated*]. Anyone who witnesses or becomes aware of potential instances of sexual harassment should report such behavior to a supervisor, manager or [*person or office designated*].

Reports of sexual harassment may be made verbally or in writing. A form for submission of a written complaint is attached to this Policy, and all employees are encouraged to use this complaint form. Employees who are reporting sexual harassment on behalf of other employees should use the complaint form and note that it is on another employee's behalf.

Employees, paid or unpaid interns or non-employees who believe they have been a target of sexual harassment may also seek assistance in other available forums, as explained below in the section on Legal Protections.

Supervisory Responsibilities

All supervisors and managers who receive a complaint or information about suspected sexual harassment, observe what may be sexually harassing behavior or for any reason suspect that sexual harassment is occurring, **are required** to report such suspected sexual harassment to [*person or office designated*].

In addition to being subject to discipline if they engaged in sexually harassing conduct themselves, supervisors and managers will be subject to discipline for failing to report suspected sexual harassment or otherwise knowingly allowing sexual harassment to continue.

Supervisors and managers will also be subject to discipline for engaging in any retaliation.

Complaint and Investigation of Sexual Harassment

All complaints or information about sexual harassment will be investigated, whether that information was reported in verbal or written form. Investigations will be conducted in a timely manner, and will be confidential to the extent possible.

An investigation of any complaint, information or knowledge of suspected sexual harassment will be prompt and thorough, commenced immediately and completed as soon as possible. The investigation will be kept confidential to the extent possible. All persons involved, including complainants, witnesses and alleged harassers will be accorded due process, as outlined below, to protect their rights to a fair and impartial investigation.

Any employee may be required to cooperate as needed in an investigation of suspected sexual harassment. [*Church Name*] will not tolerate retaliation against employees who file complaints, support another's complaint or participate in an investigation regarding a violation of this policy.

While the process may vary from case to case, investigations should be done in accordance with the following steps:

- Upon receipt of complaint, [*person or office designated*] will conduct an immediate review of the allegations, and take any interim actions (e.g., instructing the respondent to refrain from communications with the complainant), as appropriate. If complaint is verbal, encourage the individual to complete the "Complaint Form" in writing. If he or she refuses, prepare a Complaint Form based on the verbal reporting.
- If documents, emails or phone records are relevant to the investigation, take steps to obtain and preserve them.
- Request and review all relevant documents, including all electronic communications.
- Interview all parties involved, including any relevant witnesses;
- Create a written documentation of the investigation (such as a letter, memo or email), which contains the following:
  - A list of all documents reviewed, along with a detailed summary of relevant documents;
  - A list of names of those interviewed, along with a detailed summary of their statements;
  - A timeline of events;
  - A summary of prior relevant incidents, reported or unreported; and
  - The basis for the decision and final resolution of the complaint, together with any corrective action(s).
- Keep the written documentation and associated documents in a secure and confidential location.
- Promptly notify the individual who reported and the individual(s) about whom the complaint was made of the final determination and implement any corrective actions identified in the written document.
- Inform the individual who reported of the right to file a complaint or charge externally as outlined in the next section.

Legal Protections and External Remedies

Sexual harassment is not only prohibited by [*Church Name*] but is also prohibited by state, federal, and, where applicable, local law.

Aside from the internal process at [*Church Name*], employees may also choose to pursue legal remedies with the following governmental entities. While a private attorney is not required to file a complaint with a governmental agency, you may seek the legal advice of an attorney.

In addition to those outlined below, employees in certain industries may have additional legal protections.

State Human Rights Law (HRL)

The Human Rights Law (HRL), codified as N.Y. Executive Law, art. 15, § 290 et seq., applies to all Churches in New York State with regard to sexual harassment, and protects employees, paid or unpaid interns and non-employees, regardless of immigration status. A complaint alleging violation of the Human Rights Law may be filed either with the Division of Human Rights (DHR) or in New York State Supreme Court.

Complaints with DHR may be filed any time **within one year** of the harassment. If an individual did not file at DHR, they can sue directly in state court under the HRL, **within three years** of the alleged sexual harassment. An individual may not file with DHR if they have already filed an HRL complaint in state court.

Complaining internally to [*Church Name*] does not extend your time to file with DHR or in court. The one year or three years is counted from date of the most recent incident of harassment.

You do not need an attorney to file a complaint with DHR, and there is no cost to file with DHR.

DHR will investigate your complaint and determine whether there is probable cause to believe that sexual harassment has occurred. Probable cause cases are forwarded to a public hearing before an administrative law judge. If sexual harassment is found after a hearing, DHR has the power to award relief, which varies but may include requiring the Church to take action to stop the harassment, or redress the damage caused, including paying of monetary damages, attorney's fees and civil fines.

DHR's main office contact information is: NYS Division of Human Rights, One Fordham Plaza, Fourth Floor, Bronx, New York 10458. You may call (718) 741-8400 or visit: www.dhr.ny.gov.

Contact DHR at (888) 392-3644 or visit dhr.ny.gov/complaint for more information about filing a complaint. The website has a complaint form that can be downloaded, filled out, notarized and mailed to DHR. The website also contains contact information for DHR's regional offices across New York State.

Civil Rights Act of 1964

The United States Equal Employment Opportunity Commission (EEOC) enforces federal anti-discrimination laws, including Title VII of the 1964 federal Civil Rights Act (codified as 42 U.S.C. § 2000e et seq.). An individual can file a complaint with the EEOC anytime within 300 days from the harassment. There is no cost to file a complaint with the EEOC. The EEOC will investigate the complaint, and determine whether there is reasonable cause to believe that discrimination has occurred, at which point the EEOC will issue a Right to Sue letter permitting the individual to file a complaint in federal court.

The EEOC does not hold hearings or award relief, but may take other action including pursuing cases in federal court on behalf of complaining parties. Federal courts may award remedies if discrimination is found to have occurred. In general, private employers must have at least 15 employees to come within the jurisdiction of the EEOC.

An employee alleging discrimination at work can file a "Charge of Discrimination." The EEOC has district, area, and field offices where complaints can be filed. Contact the EEOC by calling 1-800-669-4000 (TTY: 1-800-669-6820), visiting their website at www.eeoc.gov or via email at info@eeoc.gov.

If an individual filed an administrative complaint with DHR, DHR will file the complaint with the EEOC to preserve the right to proceed in federal court.

Local Protections

Many localities enforce laws protecting individuals from sexual harassment and discrimination. An individual should contact the county, city or town in which they live to find out if such a law exists. For example, employees who work in New York City may file complaints of sexual harassment with the New York City Commission on Human Rights. Contact their main office at Law Enforcement Bureau of the NYC Commission on Human Rights, 40 Rector Street, 10th Floor, New York, New York; call 311 or (212) 306-7450; or visit www.nyc.gov/html/cchr/html/home/home.shtml.

Contact the Local Police Department

If the harassment involves unwanted physical touching, coerced physical confinement or coerced sex acts, the conduct may constitute a crime. Contact the local police department.

Our Church/Ministry adopts this policy for the current year and all succeeding years until amended or rescinded:

_____

Signature of Officer/Corporate Seal/Date

APPENDIX B

B-2

CHURCH NAME_____

COMPLAINT FORM FOR REPORTING SEXUAL HARASSMENT

New York State Labor Law requires all Churches to adopt a sexual harassment prevention policy that includes a complaint form to report alleged incidents of sexual harassment.

If you believe that you have been subjected to sexual harassment, you are encouraged to complete this form and submit it to *[person or office designated; contact information for designee or office; how the form can be submitted]*. You will not be retaliated against for filing a complaint.

If you are more comfortable reporting verbally or in another manner, the Church should complete this form, provide you with a copy and follow its sexual harassment prevention policy by investigating the claims as outlined at the end of this form.

For additional resources, visit: ny.gov/programs/ combating-sexual-harassment-workplace

COMPLAINANT INFORMATION

Name: _____Title: _____
Work Address: _____
Work Phone/Cell Phone/Home Phone: _____
Email: _____

Select Preferred Communication Method: ❑Email   ❑Phone   ❑In person

SUPERVISORY INFORMATION
Immediate Supervisor's

Name: _____Title: _____
Work Address: _____
Work Phone/Cell Phone: _____
Email: _____

B-3

COMPLAINT INFORMATION FORM

1. Your complaint of Sexual Harassment is made about:

   Name: _____ Title: _____
   Work Address: _____
   Work Phone/Cell Phone/Home _____
   Email: _____
   Relationship to you: ❑Supervisor ❑Subordinate ❑Co-Worker Other

2. Please describe what happened and how it is affecting you and your work. Please use additional sheets of paper if necessary and attach any relevant documents or evidence.

   _____

   _____

3. Date(s) sexual harassment occurred: _____

   Is the sexual harassment continuing?   ❑Yes   ❑No

4. Please list the name and contact information of any witnesses or individuals who may have information related to your complaint:

   _____

   The last question is optional, but may help the investigation.

5. Have you previously complained or provided information (verbal or written) about related incidents? If yes, when and to whom did you complain or provide information? _____

If you have retained legal counsel and would like us to work with them, please provide their contact information.

Signature: _____ Date: _____

INSTRUCTIONS FOR EMPLOYERS/CHURCHES

If you receive a complaint about alleged sexual harassment, follow your sexual harassment prevention policy.

An investigation involves:

- Speaking with the employee
- Speaking with the alleged harasser
- Interviewing witnesses
- Collecting and reviewing any related documents

While the process may vary from case to case, all allegations should be investigated promptly and resolved as quickly as possible. The investigation should be kept confidential to the extent possible.

Document the findings of the investigation and basis for your decision along with any corrective actions taken and notify the employee and the individual(s) against whom the complaint was made. This may be done via email.

**For additional resources, visit: ny.gov/programs/
combating-sexual-harassment-workplace**

APPENDIX C

SEXUAL HARASSMENT PREVENTION POLICY NOTICE

Sexual harassment is against the law.

All employees have a legal right to a workplace free from sexual harassment, and [*Church Name*] is committed to maintaining a workplace free from sexual harassment.

Per New York State Law, [*Church Name*] has a sexual harassment prevention policy in place that protects you. This policy applies to all employees, paid or unpaid interns and non-employees in our workplace, regardless of immigration status.

If you believe you have been subjected to or witnessed sexual harassment, you are encouraged to report the harassment to a supervisor, manager or [other person designated] so we can take action.

Our complete policy may be found: _____

Our Complaint Form may be found: _____

If you have questions and to make a complaint, please contact:

[Person or office designated]

[Contact information for designee or office]

For more information and additional resources, please visit:
New York Government programs on the NYS website

APPENDIX D

FREQUENT QUESTIONS FOR WORKERS AND EMPLOYEES ABOUT HARASSMENT

Q1. I think I've been sexually harassed. What should I do?

A1. If you believe that you have been sexually harassed, you should report the conduct to your employer, temporary agency or placement agency. If your employer is your harasser, or you do not trust how your employer will react, you may contact the New York State Division of Human Rights. The Division of Human Rights can take complaints and investigate.

You can also, simultaneously or subsequently, file a complaint with the New York State Division of Human Rights. Please note: a complaint must be filed with the Division of Human Rights within one year of the alleged discriminatory act. For more information, see the Division's brochure entitled "Sexual Harassment"

Q2. How can I file a complaint with the Division of Human Rights?

A2. There are several ways to file a complaint with the Division:

For information on how to file a complaint, visit: www.dhr.ny.gov/complaint

You can call 1-888-392-3644

You can visit a Division of Human Right office and file a complaint in person: https://dhr.ny.gov/contact-us

Q3. Can my employer retaliate against me if I complain?

A3. New York's Human Rights Law prohibits retaliation for making an internal complaint to your employer, or for filing a complaint with the Division of Human Rights. If you feel you are being retaliated against, you should contact the Division and file a complaint.

Q4. Is my employer covered by the Human Rights Law?

A4. Yes. The Human Rights Law requires ALL employers in New York State, regardless of the number of employees, to provide a workplace free from sexual harassment.

Non-Employees in a Workplace

Q1. I am not directly employed by the company where I was harassed, am I still covered?

A1. As of April 12, 2018, non-employees, such as contractors, subcontractors, vendors, consultants or anyone providing services in the workplace, are also protected from harassment at a location where they are working. Protected non-employees include persons commonly referred to as independent contractors, "gig" workers, and temporary workers. Also included are persons providing equipment repair, cleaning services, or any other services provided pursuant to a contract with the employer.

Q2. I work for a maintenance contractor and I clean the offices of a business. An employee of the building, who is not employed by the business I clean for, is asking me repeatedly for dates. I don't like this behavior. What can I do?

A2. Your employer and the business that operates in your worksite are both required to provide you a harassment-free workplace. You should report the conduct to the worksite business, and also to your own employer. Both are responsible to address the problem. If your employer is your harasser, or you do not trust how your employer will react, you may also file a complaint with the Division of Human Rights.

Q3. The copier repair person always makes sexual jokes which are upsetting to me. My boss says that she can't do anything about it.

A3. Your employer is required to provide a workplace free from sexual harassment, regardless of who the harasser is. Your employer is required to take appropriate action based on your complaint. If you do not trust how your employer will react, you should file a complaint with the Division of Human Rights.

Q4. A temporary worker tells me sexually explicit stories about his "dates" regularly. I complained, but my supervisor says he doesn't have any authority over the temps.

A4. Your supervisor is required to take your complaint to someone who can investigate and take corrective action. You can complain to another supervisor or manager at your employer, or you can file a complaint with the Division of Human Rights, or you can do both.

Q5. I perform work as an independent contractor, and much of my work is performed off the premises of the business. However, when I come into the office to meet with the person who oversees my work, he tries to start an

unwelcome sexual relationship with me. He is the only person at the business that I have any contact with, and I don't know how to complain.

A5. Employers are encouraged to post and make available their Sexual Harassment Prevention policies. You can complain to a supervisor or manager at the employer, file a complaint with the Division of Human Rights, or both.

FOR EMPLOYERS

Q1. Will the State offer workshops and webinars?

A1. Yes. Dates for training sessions will be announced on this website.

Q2. What type of records must employers maintain to verify compliance?

A2. No signed acknowledgement of having read the policy is required, but employers are encouraged to keep a signed acknowledgement and to keep a copy of training records. These records may be helpful in addressing any future complaints or lawsuits.

Q3. Does this law apply to New York City employers?

A3. Yes. It applies to all employers in New York State, including New York City.

Q4. Will the mandated New York City training meet the training requirements of the New York State Law?

A4. The New York City Commission on Human Rights is partnered with the New York State Division of Human Rights and the New York State Department of Labor so NYC-based employers can meet compliance with both the New York State and New York City training requirements by using the online training provided by the New York City Commission on Human Rights.

Languages

Q1. Will New York State make resources available for training in languages other than English?

A1. Yes. Materials have been translated into Spanish, Chinese, Korean, Russian, Italian, Polish and Haitian-Creole and are available on this website (link to the translations page). Additional languages may be added in the future.

Q2. Am I required to provide the policy and training in languages other than English?

A2. Yes. Employers should provide employees with training in the language spoken by their employees. Model materials will be translated in accordance with Executive Order 26, Statewide Language Access Policy. When a template training is not available from the State in an employee's primary language, the employer may provide that employee an English-language version. However, as employers may be held liable for the conduct of all of their employees, employers are strongly encouraged to provide a policy and training in the language spoken by the employee.

Policy

Q1. How can employers provide their policy to employees?

A1. Employers must provide employees with their policy in writing or electronically. If a copy is made available on a work computer, workers must be able to print a copy for their own records.

Q2. Is there any employer responsibility to train third-party vendors or other non-employees who interact one-time or regularly in an office located in New York State?

A2. No. However, posting a copy of your policy in an area that is highly visible further communicates your effort as a responsible employer.

Q3. What should I do if a temporary employee is being harassed by an employee of another company?

A3. In such circumstances, you should inform both the company and the temporary employee's firm. However, if you are able to take action in order to prevent or end such harassment you should do so, as outlined in the policy.

Q4. What policy, if any, must be provided to contractors, subcontractors, vendors and consultants?

A4. Employers do not have to provide any policy to independent contractors, vendors or consultants as such individuals are not employees of the employer. However, the State Human Rights Law imposes liability on the employer for their actions, and you are encouraged to provide the policy and training to anyone providing services in the workplace.

Q5. If an employer already has established investigative procedures which are similar, but not identical to those provided in the model, can the employer deviate from these specific requirements and remain compliant with the law?

A5. Yes. But the investigative procedures that the employer will be using should be outlined in the employer's policy.

Q6. Does the complaint form need to be included, in full, in the policy?

A6. No. Employers should, however, be clear about where the form may be found, for example, on a company's internal website.

Training

Q1. Who is considered an Employee for the training requirement? And when does the training need to be completed?

A1. "Employee" includes all workers, regardless of immigration status. Employee also includes exempt or non-exempt employees, part-time workers, seasonal workers, and temporary workers. All employees must complete the model training or a comparable training that meets the minimum standards by Oct. 9, 2019.

Q2. How often must employees receive sexual harassment training?

A2. Employees must be trained at least once per year. In subsequent years, this may be based on the calendar year, anniversary of each employee's start date, or any other date the employer chooses.

Q3. How soon do new employees need to be trained?

A3. As employers may be liable for the actions of employees immediately upon hire, the State encourages training as soon as possible. Employers should distribute the policy to employees prior to commencing work and should have it posted.

Q4. If an employer has previously provided training that meets or exceeds the requirements, must employees be retrained?

A4. Employees must receive training on an annual basis. If employees have already received training this year, but it did NOT meet all new requirements, employers need only provide supplemental training to ensure all requirements are met.

Q5. Is there a minimum number of training hours employees must complete each year?

A5. No, as long as they receive training that meets or exceeds the minimum standards.

Q6. What are the obligations of employment agencies? What about employees who received the same training from another employer within the past year?

A6. The law requires that employers provide a sexual harassment prevention policy and training on an annual basis to all employees. An employer may choose to deem the training requirement satisfied if a new employee can verify completion through a previous employer or through a temporary help firm.

An agency or any other worker organization (e.g. labor union) may choose to provide training to workers, however, the employer may still be liable for the employee's conduct and understanding of policies and should train the employee on any nuances and processes specific to the company or industry.

Q7. I am an employer based in New York State but also have employees who only work in other states. Do they need to be trained as well?

A7. No. Only employees who work or will work in New York State need to be trained. However, if an individual works a portion of their time in New York State, even if they're based in another state, they must be trained.

Q8. Are minor employees (e.g., child actors) required to take sexual harassment training?

A8. Yes. However, those employing children under the age of 14 may opt to simplify the training and policy while still meeting the minimum requirements.

Q9. What does "interactive training" mean?

A9. New York State law requires all sexual harassment training to be interactive. Training may be online, so long as it is interactive. Examples of employee participation include:

If the training is web-based, it has questions at the end of a section and the employee must select the right answer;

If the training is web-based, the employees have an option to submit a question online and receive an answer immediately or in a timely manner;

In an in-person or live training, the presenter asks the employees questions or gives them time throughout the presentation to ask questions;

Web-based or in-person trainings that provide a Feedback Survey for employees to turn in after they have completed the training

Any one of the above examples would meet the minimum requirement for being interactive. An individual watching a training video or reading a document only, with no feedback mechanism or interaction, would NOT be considered interactive.

Q10. Is a live trainer required and does a trainer need to have a certification?

A10. While a best practice for effective and engaging trainings, a live trainer is not specifically required. Live trainers may appear in person or via phone, video conference, etc. No certification is required and the State does not currently certify or license training providers.

Q11. May I use a third-party vendor to provide training? How do I ensure it meets the standards?

A11. You may use a third-party vendor or organization, or deliver the training by existing employees or managers. You should review any third-party training to ensure it meets or exceeds the minimum standards required under the law.

Q11. Are there different training requirements for employees in managerial/ supervisory roles?

A11. Employers must make managers and supervisors as well as all employees aware of the extra requirements for those in managerial/supervisory roles. The model training does address the additional requirements, and employers may choose to provide additional or separate training to supervisors and managers.

Q12. What happens if some employees fail to take the training despite an employer's best efforts to make it available, and to require everyone to take it?

A12. Employers are required to ensure that all employees receive training on an annual basis. Employers may take appropriate administrative remedies to ensure compliance.

Q13. Are businesses required to pay workers for the time spent in training, for instance, during the onboarding process before their actual assignment begins?

A13. Employers must follow federal regulations (*see e.g.*, 29 CFR 785.27-785.32), which generally require that employer-provided training time is counted as regular work hours.

Q14. How does the Sexual Harassment Prevention training time impact the Hospitality Wage Order's 80/20 rule?

A14. Like other mandatory trainings, this does not impact the percentage in the Order and should be treated in line with other employer trainings. It should be either added in line with the existing proportion or training hours should be excluded from the 80/20 calculation.

Q15. Are sections in the model training materials that are not expressly required in the law mandatory?

A15. No, but they are strongly recommended. In addition, employers are encouraged to exceed the minimum training requirements.

Mandatory Arbitration

Q1. What is a mandatory arbitration clause in the context of the new law concerning sexual harassment?

A1. A mandatory arbitration clause is a requirement in any written contract that: (1) when faced with contract disputes, compels parties to seek arbitration before going to court and (2) makes facts found at arbitration final and not subject to review by the courts. More precisely, in the words of the statute:

> The term "mandatory arbitration clause" shall mean a term or provision contained in a written contract which requires the parties to such contract to submit any matter thereafter arising under such contract to arbitration prior to the commencement of any legal action to enforce the provisions of such contract and which also further provides language to the effect that the facts found or determination made by the arbitrator or panel of arbitrators in its application to a party alleging an unlawful discriminatory practice based on sexual harassment shall be final and not subject to independent court review.

Q2. What is a prohibited clause?

A2. Under the new law, a prohibited clause means any requirement in any contract that requires mandatory arbitration to resolve any sexual harassment claim. Specifically, as stated in the statute:

> The term "prohibited clause" shall mean any clause or provision of any contract which requires as a condition of the enforcement of the contract or obtaining remedies under the contract that the parties submit to

mandatory arbitration to resolve any allegation or claim of an unlawful discriminatory practice of sexual harassment.

The ban on prohibited clauses does not "prohibit an employer from incorporating a non-prohibited clause or other mandatory arbitration provision within such contract, that the parties agree upon."

Q3. What does the new law say about such mandatory arbitration clauses?

A3. The law generally bans new contracts from containing any prohibited clause, and makes such prohibited clauses null and void, with certain exceptions summarized below.

Q4. When will that new ban on mandatory arbitration clauses take effect?

A4. The new ban will apply to contracts entered into on or after July 11, 2018.

Q5. What are the exceptions to the ban?

A5. The law expressly recognizes that: (1); "the provisions declaring prohibited clauses null and void do not apply "where inconsistent with federal law;" and (2) collective bargaining agreements will be controlling in cases where there is a conflict between the such agreement and the new law.

Q6. Is the law limited to employers with four or more employers?

A6. No, the law's ban on prohibited clauses applies to all contracts. The law defines the term employer by reference to the state Human Rights Law, which defines employers to include all employers in cases involving sexual harassment.

Q7. Where can I find the text of the new ban on prohibited mandatory arbitration clauses?

A7. The relevant provisions off the new law can be found at Civil Practice Law and Rules § 7515, which is quoted below:

§ 7515. Mandatory arbitration clauses; prohibited. (a) Definitions. As used in this section:

1. The term "employer" shall have the same meaning as provided in subdivision five of section two hundred ninety-two of the executive law.

2. The term "prohibited clause" shall mean any clause or provision in any contract which requires as a condition of the enforcement of the contract or obtaining remedies under the contract that the parties submit to mandatory arbitration to resolve any allegation or claim of an unlawful discriminatory practice of sexual harassment.

3. The term "mandatory arbitration clause" shall mean a term or provision contained in a written contract which requires the parties to such contract to submit any matter thereafter arising under such contract to arbitration prior to the commencement of any legal action to enforce the provisions of such contract and which also further provides language to the effect that the facts found or determination made by the arbitrator or panel of arbitrators in its application to a party alleging an unlawful discriminatory practice based on sexual harassment shall be final and not subject to independent court review.

4. The term "arbitration" shall mean the use of a decision-making forum conducted by an arbitrator or panel of arbitrators within the meaning and subject to the provisions of article seventy-five of the civil practice law and rules.

(b) (i) Prohibition. Except where inconsistent with federal law, no written contract, entered into on or after the effective date of this section shall contain a prohibited clause as defined in paragraph two of subdivision (a) of this section.

(ii) Exceptions. Nothing contained in this section shall be construed to impair or prohibit an employer from incorporating a non-prohibited clause or other mandatory arbitration provision within such contract, that the parties agree upon.

(iii) Mandatory arbitration clause null and void. Except where inconsistent with federal law, the provisions of such prohibited clause as defined in paragraph two of subdivision (a) of this section shall be null and void. The inclusion of such clause in a written contract shall not serve to impair the enforceability of any other provision of such contract.

(c) Where there is a conflict between any collective bargaining agreement and this section, such agreement shall be controlling.

Nondisclosure Agreements

Q1. What is a nondisclosure agreement in the context of the new law concerning sexual harassment?

A1. Under the new law, a nondisclosure agreement is defined to include any resolution of any claim involving sexual harassment that would prevent the person who complained from disclosing the underlying facts and circumstances of the harassment.

Q2. What will the new law do about such nondisclosure agreements?

A2. The new law will generally ban such nondisclosure agreements, except for those where the person who complained prefers such a nondisclosure agreement. Specifically, the new law takes away the authority of employers to include, or agree to include, any term or condition that would prevent the disclosure of the underlying facts and circumstances of the harassment unless the condition of nondisclosure is the preference of the person who complained.

Q3. When will the ban on nondisclosure agreements take effect?

A3. On July 11, 2018. That is the date when employers will lose their authority to include, or agree to include, such terms or conditions of nondisclosure of the underlying facts and circumstances of the harassment.

Q4. How do the parties establish that confidentiality is the complainant's preference?

A4. The law requires that "such preference shall be memorialized in an agreement signed by all parties."

Q5. Is there a particular process that must be followed for memorializing the complainant's preference?

A5. Yes, the law spells out and requires the following three-step process and timeframe:

Any such term or condition must be provided to all parties, and the person who complained shall have 21 days from the date such term or condition is provided to consider such term or condition.

If after 21 days, such term of condition is the preference of the person who complained, such preference shall be memorialized in an agreement signed by all parties.

For a period of 7 days following the execution of an agreement containing such a term, the person who complained may revoke the agreement and the agreement shall not become effective or be enforceable until such revocation period has expired.

Q6. Can the employer initiate the process by suggesting a term or condition of confidentiality?

A6. As long as the statutory process and timeline summarized above is followed, the law does not prohibit the employer from initiating that process.

Q7. Does the process established under the law mean that the parties will need to enter into two separate documents providing for nondisclosure: 1) an agreement that memorializes the preference of the person who complained, and 2) whatever documents incorporate that preferred term or condition as part of a larger overall resolution between the parties?

A7. Yes, as summarized above, starting July 11, 2018, employers will lose the ability to include or agree to include such nondisclosure language in documents resolving sexual harassment matters unless the complainant's preference for that language has been memorialized in an agreement signed by all parties after following the three-step procedure summarized above.

Q8. Can the 21-day period be waived, shortened, or calculated to overlap with the 7-day revocation period?

A8. No. The text of the new law requires that the 21-day period expire before the plaintiff's preference can be memorialized in an agreement signed by all parties, and the minimum 7-day period does not start to run until after that agreement is executed.

Q9. Are the new law's provisions for memorializing a plaintiff's preference for confidentiality intended to track federal provisions for waving age discrimination rights?

A9. While both the new law and federal age discrimination laws reference 21-day consideration periods and 7-day revocation periods, the context, language and purposes of the state and federal provisions are not the same. Specifically, while the practice of some under the federal law is to fold waivers into standard representations and warranties provisions of settlement agreements that can be presented and executed on the spot, in a single agreement, without waiting for the 21-day consideration period to expire, the new state law requires a separate agreement to be executed after the expiration of the 21-day consideration period before the employer is authorized to include confidentiality language in a proposed resolution.

Q10. Where can I find the text of the new ban on nondisclosure agreements in cases involving sexual harassment

A10. The relevant provisions of the new law are identified and quoted below:

CPLR§ 5003-b. Nondisclosure agreements.

Notwithstanding any other law to the contrary, for any claim or cause of action, whether arising under common law, equity, or any provision of law, the factual foundation for which involves sexual harassment, in resolving, by agreed judgment, stipulation, decree, agreement to settle, assurance of discontinuance or otherwise, no employer, its officer or employee shall have the authority to include or agree to include in such resolution any term or condition that would prevent the disclosure of the underlying facts and circumstances to the claim or action unless the condition of confidentiality is the plaintiff's preference. Any such term or condition must be provided to all parties, and the plaintiff shall have twenty-one days to consider such term or condition. If after twenty-one days such term or condition is the plaintiff's preference, such preference shall be memorialized in an agreement signed by all parties. For a period of at least seven days following the execution of such agreement, the plaintiff may revoke the agreement, and the agreement shall not become effective or be enforceable until such revocation period has expired.

General Obligations Law 5-336. Nondisclosure agreements.

Notwithstanding any other law to the contrary, no employer, its officers or employees shall have the authority to include or agree to include in any settlement, agreement or other resolution of any claim, the factual foundation for which involves sexual harassment, any term or condition that would prevent the disclosure of the underlying facts and circumstances to the claim or action unless the condition of confidentiality is the complainant's preference. Any such term or condition must be provided to all parties, and the complainant shall have twenty-one days to consider such term or condition. If after twenty-one days such term or condition is the complainant's preference, such preference shall be memorialized in an agreement signed by all parties. For a period of at least seven days following the execution of such agreement, the complainant may revoke the agreement, and the agreement shall not become effective or be enforceable until such revocation period has expired.

APPENDIX E-1

EMPLOYMENT APPLICATION/CONTRACTOR/VOLUNTEER.
APLICACIÓN DE EMPLEO/CONTRATISTA/VOLUNTARIO

Date/Fecha:	Position/Posición

PERSONAL INFORMATION/DATOS PERSONALES

Name/Nombre:

Address/Dirección:

Telephones/Teléfonos:

Emergency Contact Information/En caso de Emergencia contactar a:	Name/Nombre/Phone/Tel:

EDUCATION/EDUCACION/ SCHOOL/ESCUELA	Name/Nombre	State & City / Ciudad y Estado	Year of Graduation/ Año de Graduación	Major/ Concentración
Graduate School/Master				
College/Bachillerato				
Trade School/Vocacional				

EXPERIENCE/EXPERIENCIA			
Company/Compañia	Title/Posición	Date/Fechas	Duties/Deberes

REFERENCES/REFERENCIAS			
Name/Nombre	Title/Posición	Relationship/Relación	Telephone or email/ Teléfono o email

CLASSIFICATION/CLASIFICACION: ____EMPLOYEE/EMPLEADO____CONTRACTOR/CONTRATISTAVOLUNTEER/VOLUNTARIO

Note: Employees submit W4 and contractors and Volunteers (in certain instances) submit form W9. Other forms may also be submitted, such as criminal background checks, identity documentation, confidentiality agreements and others. Empleados someter W4 contratistas y voluntarios (en ciertas ocasiones) someter formulario W9. Otros formularios pueden ser requeridos como antecedentes criminales, identificación, acuerdos de confidencialidad y otros.

X_____Signature/Firma

APPENDIX E-2

Form W-4 (2019)

Future developments. For the latest information about any future developments related to Form W-4, such as legislation enacted after it was published, go to *www.irs.gov/FormW4*.

Purpose. Complete Form W-4 so that your employer can withhold the correct federal income tax from your pay. Consider completing a new Form W-4 each year and when your personal or financial situation changes.

Exemption from withholding. You may claim exemption from withholding for 2019 if **both** of the following apply.

• For 2018 you had a right to a refund of **all** federal income tax withheld because you had **no** tax liability, **and**

• For 2019 you expect a refund of **all** federal income tax withheld because you expect to have **no** tax liability.

If you're exempt, complete **only** lines 1, 2, 3, 4, and 7 and sign the form to validate it. Your exemption for 2019 expires February 17, 2020. See Pub. 505, Tax Withholding and Estimated Tax, to learn more about whether you qualify for exemption from withholding.

General Instructions

If you aren't exempt, follow the rest of these instructions to determine the number of withholding allowances you should claim for withholding for 2019 and any additional amount of tax to have withheld. For regular wages, withholding must be based on allowances you claimed and may not be a flat amount or percentage of wages.

You can also use the calculator at *www.irs.gov/W4App* to determine your tax withholding more accurately. Consider using this calculator if you have a more complicated tax situation, such as if you have a working spouse, more than one job, or a large amount of nonwage income not subject to withholding outside of your job. After your Form W-4 takes effect, you can also use this calculator to see how the amount of tax you're having withheld compares to your projected total tax for 2019. If you use the calculator, you don't need to complete any of the worksheets for Form W-4.

Note that if you have too much tax withheld, you will receive a refund when you file your tax return. If you have too little tax withheld, you will owe tax when you file your tax return, and you might owe a penalty.

Filers with multiple jobs or working spouses. If you have more than one job at a time, or if you're married filing jointly and your spouse is also working, read all of the instructions including the instructions for the Two-Earners/Multiple Jobs Worksheet before beginning.

Nonwage income. If you have a large amount of nonwage income not subject to withholding, such as interest or dividends, consider making estimated tax payments using Form 1040-ES, Estimated Tax for Individuals. Otherwise, you might owe additional tax. Or, you can use the Deductions, Adjustments, and Additional Income Worksheet on page 3 or the calculator at *www.irs.gov/W4App* to make sure you have enough tax withheld from your paycheck. If you have pension or annuity income, see Pub. 505 or use the calculator at *www.irs.gov/W4App* to find out if you should adjust your withholding on Form W-4 or W-4P.

Nonresident alien. If you're a nonresident alien, see Notice 1392, Supplemental Form W-4 Instructions for Nonresident Aliens, before completing this form.

Specific Instructions
Personal Allowances Worksheet

Complete this worksheet on page 3 first to determine the number of withholding allowances to claim.

Line C. *Head of household please note:* Generally, you may claim head of household filing status on your tax return only if you're unmarried and pay more than 50% of the costs of keeping up a home for yourself and a qualifying individual. See Pub. 501 for more information about filing status.

Line E. Child tax credit. When you file your tax return, you may be eligible to claim a child tax credit for each of your eligible children. To qualify, the child must be under age 17 as of December 31, must be your dependent who lives with you for more than half the year, and must have a valid social security number. To learn more about this credit, see Pub. 972, Child Tax Credit. To reduce the tax withheld from your pay by taking this credit into account, follow the instructions on line E of the worksheet. On the worksheet you will be asked about your total income. For this purpose, total income includes all of your wages and other income, including income earned by a spouse if you are filing a joint return.

Line F. Credit for other dependents. When you file your tax return, you may be eligible to claim a credit for other dependents for whom a child tax credit can't be claimed, such as a qualifying child who doesn't meet the age or social security number requirement for the child tax credit, or a qualifying relative. To learn more about this credit, see Pub. 972. To reduce the tax withheld from your pay by taking this credit into account, follow the instructions on line F of the worksheet. On the worksheet, you will be asked about your total income. For this purpose, total

---

------------------------------ **Separate here and give Form W-4 to your employer. Keep the worksheet(s) for your records.** ------------------------------

Form **W-4** Department of the Treasury Internal Revenue Service	**Employee's Withholding Allowance Certificate** ▶ Whether you're entitled to claim a certain number of allowances or exemption from withholding is subject to review by the IRS. Your employer may be required to send a copy of this form to the IRS.	OMB No. 1545-0074 **2019**

1 Your first name and middle initial	Last name	2 **Your social security number**

Home address (number and street or rural route)	3 ☐ Single ☐ Married ☐ Married, but withhold at higher Single rate. **Note:** If married filing separately, check "Married, but withhold at higher Single rate."

City or town, state, and ZIP code	4 If your last name differs from that shown on your social security card, check here. You must call 800-772-1213 for a replacement card. ▶ ☐

5	Total number of allowances you're claiming (from the applicable worksheet on the following pages)	5	
6	Additional amount, if any, you want withheld from each paycheck	6	$
7	I claim exemption from withholding for 2019, and I certify that I meet **both** of the following conditions for exemption.		

• Last year I had a right to a refund of **all** federal income tax withheld because I had **no** tax liability, **and**

• This year I expect a refund of **all** federal income tax withheld because I expect to have **no** tax liability.

If you meet both conditions, write "Exempt" here . . . . ▶ | 7 |

Under penalties of perjury, I declare that I have examined this certificate and, to the best of my knowledge and belief, it is true, correct, and complete.

Employee's signature
(This form is not valid unless you sign it.) ▶ _____ **Date** ▶ _____

8 Employer's name and address (**Employer:** Complete boxes 8 and 10 if sending to IRS and complete boxes 8, 9, and 10 if sending to State Directory of New Hires.)	9 First date of employment	10 Employer identification number (EIN)

For Privacy Act and Paperwork Reduction Act Notice, see page 4.   Cat. No. 10220Q   Form **W-4** (2019)

APPENDIX E-3

Form **W-9** (Rev. October 2018) Department of the Treasury Internal Revenue Service	**Request for Taxpayer Identification Number and Certification** ▶ Go to *www.irs.gov/FormW9* for instructions and the latest information.	Give Form to the requester. Do not send to the IRS.

1 Name (as shown on your income tax return). Name is required on this line; do not leave this line blank.

2 Business name/disregarded entity name, if different from above

3 Check appropriate box for federal tax classification of the person whose name is entered on line 1. Check only **one** of the following seven boxes.

☐ Individual/sole proprietor or single-member LLC ☐ C Corporation ☐ S Corporation ☐ Partnership ☐ Trust/estate

☐ Limited liability company. Enter the tax classification (C=C corporation, S=S corporation, P=Partnership) ▶ _____

Note: Check the appropriate box in the line above for the tax classification of the single-member owner. Do not check LLC if the LLC is classified as a single-member LLC that is disregarded from the owner unless the owner of the LLC is another LLC that is **not** disregarded from the owner for U.S. federal tax purposes. Otherwise, a single-member LLC that is disregarded from the owner should check the appropriate box for the tax classification of its owner.

☐ Other (see instructions) ▶

4 Exemptions (codes apply only to certain entities, not individuals; see instructions on page 3):

Exempt payee code (if any) _____

Exemption from FATCA reporting code (if any) _____

(Applies to accounts maintained outside the U.S.)

5 Address (number, street, and apt. or suite no.) See instructions.

6 City, state, and ZIP code

Requester's name and address (optional)

7 List account number(s) here (optional)

Print or type. See Specific Instructions on page 3.

Part I   Taxpayer Identification Number (TIN)

Enter your TIN in the appropriate box. The TIN provided must match the name given on line 1 to avoid backup withholding. For individuals, this is generally your social security number (SSN). However, for a resident alien, sole proprietor, or disregarded entity, see the instructions for Part I, later. For other entities, it is your employer identification number (EIN). If you do not have a number, see *How to get a TIN*, later.

Note: If the account is in more than one name, see the instructions for line 1. Also see *What Name and Number To Give the Requester* for guidelines on whose number to enter.

Social security number

☐☐☐ – ☐☐ – ☐☐☐☐

or

Employer identification number

☐☐ – ☐☐☐☐☐☐☐

Part II   Certification

Under penalties of perjury, I certify that:

1. The number shown on this form is my correct taxpayer identification number (or I am waiting for a number to be issued to me); and

2. I am not subject to backup withholding because: (a) I am exempt from backup withholding, or (b) I have not been notified by the Internal Revenue Service (IRS) that I am subject to backup withholding as a result of a failure to report all interest or dividends, or (c) the IRS has notified me that I am no longer subject to backup withholding; and

3. I am a U.S. citizen or other U.S. person (defined below); and

4. The FATCA code(s) entered on this form (if any) indicating that I am exempt from FATCA reporting is correct.

Certification instructions. You must cross out item 2 above if you have been notified by the IRS that you are currently subject to backup withholding because you have failed to report all interest and dividends on your tax return. For real estate transactions, item 2 does not apply. For mortgage interest paid, acquisition or abandonment of secured property, cancellation of debt, contributions to an individual retirement arrangement (IRA), and generally, payments other than interest and dividends, you are not required to sign the certification, but you must provide your correct TIN. See the instructions for Part II, later.

Sign Here	Signature of U.S. person ▶	Date ▶

General Instructions

Section references are to the Internal Revenue Code unless otherwise noted.

Future developments. For the latest information about developments related to Form W-9 and its instructions, such as legislation enacted after they were published, go to *www.irs.gov/FormW9*.

Purpose of Form

An individual or entity (Form W-9 requester) who is required to file an information return with the IRS must obtain your correct taxpayer identification number (TIN) which may be your social security number (SSN), individual taxpayer identification number (ITIN), adoption taxpayer identification number (ATIN), or employer identification number (EIN), to report on an information return the amount paid to you, or other amount reportable on an information return. Examples of information returns include, but are not limited to, the following.

• Form 1099-INT (interest earned or paid)

• Form 1099-DIV (dividends, including those from stocks or mutual funds)

• Form 1099-MISC (various types of income, prizes, awards, or gross proceeds)

• Form 1099-B (stock or mutual fund sales and certain other transactions by brokers)

• Form 1099-S (proceeds from real estate transactions)

• Form 1099-K (merchant card and third party network transactions)

• Form 1098 (home mortgage interest), 1098-E (student loan interest), 1098-T (tuition)

• Form 1099-C (canceled debt)

• Form 1099-A (acquisition or abandonment of secured property)

Use Form W-9 only if you are a U.S. person (including a resident alien), to provide your correct TIN.

If you do not return Form W-9 to the requester with a TIN, you might be subject to backup withholding. See What is backup withholding, *later.*

Cat. No. 10231X   Form **W-9** (Rev. 10-2018)

APPENDIX E-4

CONFIDENTIALITY AGREEMENT

This agreement will be interpreted under and governed by the laws of the State of
_____and is made between_____
("Employee/Contractor") and [Church Name and Address] ("The Church")
_____
_____
on_____20_____.

The individual that will perform services for the Church may have access to Confidential Information. Confidential Information is any information and data of any kind affecting the business operation of the Church, financial position of pastors, directors, members, etc. and/or the goods, products, drawings, plans, processes, or other data that is usually not recognized or available outside of the Church.

Therefore, to protect the Confidential Information that will be disclosed during the term of employment or contract period, the Employee or contractor agrees with the following:

A. All Confidential information received by the employee/contractor shall not be disclosed or divulged either directly or indirectly to others and must be kept in strict confidence. If any Confidential Information needs to be disclosed in special situations, then the employee or contractor must first be authorized in writing by the management of the Church.
B. Employee/contractors will not duplicate the Confidential Information for any purpose other than the performance of his/her duties for the Church.
C. If the employee/contractor is terminated or ended the relationship with the Church for any reason, he or she should not divulge any confidential information that was obtained while employed or contracted and must not retain any records or documents from the Church that are considered Confidential Information.
D. The Church will decide on who owns all the copyrights registrations, patents and treatment of all inventions, ideas, writings, and discoveries that the employee had developed during the period of employment.
E. If the employee violates this contract, the Church reserves the right to take disciplinary action, including termination and pursue civil and/or criminal penalties.

F. The provisions on this agreement are applicable only to the extent that they do not violate any applicable law. If this agreement violates any applicable law, then, it will render this agreement invalid, illegal or unenforceable.

By signing below, I acknowledge and agree with this confidential agreement:

_____X_____X_____

Employee Name, Signature and Date

_____X_____X_____

Employee Name, Signature and Date

[Church Name] Representative and Signature

NOTE:

This agreement is for an employee, volunteer or contractor working for the Church, and should NOT be confused with the confidential agreement that we are mentioning in the sexual harassment policy section. Before entering into this agreement with your employee, volunteer or contractor, consult an attorney to make sure it is compliant with your State local laws.

APPENDIX F - APÉNDICE F

(CHURCH NAME/NOMBRE DE IGLESIA)

INGRESOS Y GASTOS/INCOME AND EXPENSES - SUMARIZADO - SUMMARY

	Enero January	Febrero February	Marzo March	Abril April	Mayo May	Junio June	Julio July	Agosto August	Septiembre September	Octubre October	Noviembre November	Diciembre December	Total Total
INGRESOS/INCOME:													
Diezmos/Tithes													
Ofrendas/Offerings													
Pro Templo/Pro Temple													
Otros/Other													
TOTAL DE INGRESOS/ TOTAL INCOME													
GASTOS/EXPENSES:													
Benevolencias/Benevolence													
Diezmos al Concilio/ Tithes to the Council													
Escuela Dominical/Sunday School													
Misiones/Missions													
Servicios Especiales/Special Services													
Viajes/Travel													
Renta/Hipoteca/Rent/ Mortgage													
Intereses/Interest													
Luz, Gas, Telefono, /Utilities													
Seguros/Insurance													

	Enero / January	Febrero / February	Marzo / March	Abril / April	Mayo / May	Junio / June	Julio / July	Agosto / August	Septiembre / September	Octubre / October	Noviembre / November	Diciembre / December	Total / Total
Salarios al Pastor/Pastor Salary (W2)													
Otros Salarios/Other Salaries													
Impuestos Salariales/Payroll Taxes													
Ayuda Pastoral/Housing Allowance													
Rep. y Mantenimiento/ Repairs & Maint.													
Serv.Profesionales/ Professional Svces													
Automobiles/Automobile													
Amortización/Depreciation													
Contratistas/Contractors/(1099)													
Otros Gastos/Other Expenses													
Otros Gastos/Other Expenses													
TOTAL DE GASTOS/ TOTAL EXPENSES													
GANANCIA NETA/NET PROFIT													

BALANCE INICIAL EN EL BANCO/ INITIAL BANK BALANCE 1/1/____	#1	#2	#3	#4	BALANCE FINAL EN EL BANCO/ ENDING BALANCE 12/31/____	#1	#2	#3	#4

DEUDAS A PAGAR A 12/31/ / LIABILITIES AT 12/31		DEUDAS A COBRAR A 12/31/ / LIABILITIES AT 12/31		Balance final otras cuentas/Final Balance Other Accounts	

ALISTAR COMPRAS MAYORES DE $1,000 (Edificio, autos, muebles, equipos)/ List all purchases above $1,000 (Building, auto, furniture, equipment)	Edificio/Building	Automobiles	Muebles/ Furniture	Equipos/ Equipment	Other/ Otros	Other/ Otros	Other/ Otros	Other/ Otros

APÉNDICES
VERSIÓN EN ESPAÑOL

APÉNDICE

ÍNDICE - PARTE IV

*Los apéndices, B, C, y D fueron diseñados basándose en los modelos que publico el estado de Nueva York en el año 2019. El lenguaje y redacción son casi idénticos a los modelos que el estado de Nueva York redacto. Si Ud. no reside en el estado de Nueva York consulte con un abogado de su estado ya que estos apéndices podrían tener que ser modificados para cumplir con las leyes de ese estado.

APÉNDICE A

A-1

PÓLIZA (POLÍTICA) DE PROTECCIÓN INFANTIL

PROPÓSITO

El propósito de esta política es proporcionar un ambiente seguro para nuestros niños que asisten a nuestra iglesia y protegerlos de todo tipo de abuso infantil.

Definiciones

Abajo hay una lista de definiciones con el propósito de esta política/protocolo.

Niño: Incluye a un niño, niña o niños que sean menores de 18 años.

Trabajador: Esta persona denominada trabajador es cualquier persona o personas que trabajan con niños o tienen cualquier tipo de contacto con el niño en nuestra iglesia y en cualquier lugar donde nuestra iglesia lleva a cabo sus actividades (picnics, parques, retiros, etcétera). Esta persona puede ser un maestro de escuela dominical, empleado, contratista, un voluntario pagado o no pagado u otro.

Abuso o Maltrato infantil: es cualquier acción (o inacción) que daña o pone en peligro la salud física, psicológica o emocional y el desarrollo de un niño. Hay diferentes tipos de abusos de niños, y son los siguientes:

Abuso Físico es cualquier lesión física a un niño que no es accidental, por ejemplo, golpes, mordeduras, quemaduras y agitación.

Abuso Emocional es cuando el niño no es tratado con amor y seguridad y por lo tanto su salud mental está en peligro. También, es cuando una persona crea un ambiente de constante crítica, menosprecio y burlas persistentes contra el niño.

Abuso Sexual Son caricias, exhibicionismo, incesto, pornografía o cualquier actividad sexual entre un niño y un adulto. También, puede ser entre un niño y otro niño.

Negligencia es cuando una persona priva a un niño de sus necesidades esenciales, tales como atención médica, alimentación adecuada, agua y refugio.

Proceso de selección de trabajadores

Todos los trabajadores que tengan contacto con los niños serán elegidos de la siguiente manera:

1) **Aplicación y Referencias por escrito.** Todos los trabajadores deben completar y firmar una solicitud por escrito que se muestra en el Apéndice "E" y deben proporcionan al menos dos referencias, preferiblemente de la organización donde el solicitante trabajaba con los niños. Las referencias deben ser comprobadas y documentadas. Las referencias pueden comprobarse después de que la posición ha sido aceptada por el candidato, pero antes de tener contacto con el niño.

2) **Entrevista.** Una entrevista de cara a cara debe programarse con el solicitante para discutir sus calificaciones para la posición. Además, el pastor debe entrevistar al candidato si el primer entrevistador siente que la persona califica para la posición.

3) **Calificaciones Adicionales.** Todos los solicitantes que trabajan con niños en nuestra Iglesia deben nacer de nuevo espiritualmente y ser bautizados y deben asistir a nuestra iglesia por un mínimo de seis meses. Esto le ayudará a nuestra iglesia a evaluar si el candidato es adecuado para la posición.

4) **Antecedente Criminal.** La iglesia pedirá al candidato que firme una autorización para ejecutar una comprobación de antecedentes penales (no una verificación de crédito). Si el candidato se niega a llevar a cabo tal verificación de antecedentes, la iglesia debe descalificar al candidato automáticamente con respecto a esta posición. Los antecedentes se mantendrán confidencial en los archivos de la iglesia.

REGLAS:

Nuestra iglesia adoptara las siguientes diez reglas con respecto a nuestra política de protección del niño.

REGLA No. 1 – Dos adultos y Puertas Abiertas.

Preferimos que al menos dos adultos estén a cargo de la supervisión de los niños en nuestra escuela dominical o en cualquier otro evento con los niños. Si sólo se dispone de un adulto en la escuela dominical, entonces las puertas del salón deben estar abiertas, o al menos que el salón tenga grandes ventanas y estas también se abran y la vista sea clara.

Debe haber por lo menos tres niños con el maestro de la escuela dominical, y no permitimos que los niños estén a solas con un adulto únicamente (excepto sus padres). Si es una sesión de consejería, la puerta también debe abrirse.

REGLA No. 2 – Como Responder a un Abuso Infantil.

Si uno de nuestros trabajadores de la iglesia o cualquier persona tuviera conocimiento de que un niño ha sido abusado o descuidado, deben tomarse las siguientes medidas.

1) Informar inmediatamente al pastor, a la persona designada en esta situación y o a la autoridad de acuerdo a lo dispuesto por la ley del estado.
2) Informar a los padres, a menos que el trabajador sospeche que el abusador sea el padre o la persona que cuida del niño.
3) Si el trabajador es el acusado, entonces la Iglesia lo suspenderá de inmediato y le pedirá que permanezca lejos de la iglesia durante la investigación.
4) Nuestra iglesia notificara y cooperara con las autoridades para estar en cumplimento con las leyes estatales con respecto a reporteros mandatorios ("Mandatory Reporters")
5) Nuestra iglesia inmediatamente completará un informe del incidente y todas las notificaciones se enviarán a la compañía de seguros si la iglesia tiene seguro.
6) Nuestra iglesia buscará el asesoramiento de un abogado antes de responder a las preguntas de los medios de comunicación o a la congregación.
7) Cualquier persona encontrada culpable, será removido de la posición y no deberá tener acceso a ningún lugar de la iglesia donde haya contacto con los niños.

REGLA No. 3 - Niños menos de 10 deben ser registrados con un Comprobante de Entrada y Salida.

Niños menores de 10 años deben ser registrados (firmados) por un padre o tutor y recibirán un "Comprobante de Entrada y Salida". Cuando otra persona o tutor quiere retirar al niño sin el padre, esta persona personalmente deberá presentar el "Comprobante de Entrada y salida". Si no tienen este comprobante, nuestro trabajador de la iglesia deberá comunicarse con los padres antes de retirar al niño.

REGLA No. 4 – Adolescentes Cuidando a los Niños de la Iglesia

En ciertas ocasiones podemos tener adolescentes (menor de 18 años) cuidando nuestros niños durante programas especiales o actividades. En esta situación, los niños deben ser mayores de 14 años de edad, deben ser entrevistados como se explicó anteriormente, y deben estar bajo la supervisión de un adulto y no dejarlo solos con los niños menores de 14.

REGLA No. 5 – Medicamentos/Enfermedades Infantiles y Lesiones Accidentales.

Medicación

Medicación, con receta o no recetada, debe ser administrada por los padres únicamente y no por nuestros trabajadores de la iglesia. En ciertas situaciones cuando el niño necesita medicamentos obligatoriamente debido a la salud del niño, entonces un plan de acción debe discutirse con los padres acordando cómo se va a medicar.

Enfermedades

Además, los trabajadores deben informar a los padres que nuestra iglesia no dejara que los niños vengan a nuestra escuela dominical si están enfermos o si tienen los siguientes síntomas: irritación de ojos o la piel, fiebre, diarrea, vómitos, mucosidad verde o amarilla u otras enfermedades contagiosas.

Accidentes

En caso de que un niño se lastima accidentalmente y las heridas son leves los trabajadores prestaran primeros auxilios (curitas, vendas, etc.), e informaran a los padres cuando el niño es recogido. Si la lesión es grave los trabajadores notificaran a los padres inmediatamente y llamaran a la ambulancia o la policía si es necesario. También puede presentarse un reporte con las autoridades competentes (policía, ambulancia, hospital, etc.)

REGLA No. 6 – Procedimientos para ir al baño

Si el salón de clase de la escuela dominical no tiene ningún baño, entonces, los trabajadores deben acompañar a los niños al baño, pero en grupo. Los trabajadores no deben llevar al niño al baño solo, siempre deben ir en grupo y esperar afuera del baño. El trabajador debe entrar al baño primero para asegurarse de que este desocupado. Después de que el niño sale del baño, el trabajador acompañara inmediatamente al niño al salón de la escuela dominical.

Si el niño está tomando demasiado tiempo en el baño por sí solo, el trabajador debe abrir la puerta y preguntarle al niño si está bien. Si el niño requiere ayuda entonces el trabajador debe sostener abierta la puerta principal de entrada del baño y también dejar la puerta privada del baño abierta (si el baño tiene dos puertas) y ayudar al niño.

Si los niños tienen más de cinco años, es recomendable que un hombre adulto acompañe a los chicos al baño y que una mujer adulta acompañe a las chicas.

REGLA NO. 7 – Transportación de Niños

A todos los choferes se les hará un antecedente criminal como indicamos arriba. Los choferes no deben llevar a los chicos solos siempre debe haber un acompañante. Al final del recorrido los choferes deben ir al final del vehículo y verificar que no haya quedado ningún niño dormido y poner en la ventana una señal que diga "Este vehículo fue revisado para confirmar que no haya quedado ningún chico dormido" A la compañía de seguro también se le informará de la identidad de nuestros choferes y serán alistados en la compañía de seguro.

REGLA No. 8 - Disciplina

Nuestra iglesia no administrará castigo corporal a ningún niño. Por consiguiente, el trabajador NO deberá pegar, lastimar, pinchar o agarrar a ningún niño violentamente para castigarlo. El trabajador deberá consultar con los padres o tutores del niño si el niño tiene problemas de conducta, pero en ninguna circunstancia nuestro trabajador castigara físicamente al niño, aunque el padre o cuidador lo apruebe, o se lo diga o lo insinué.

REGLA No. 9 – Entrenamiento

Nuestra iglesia capacitará a nuestros trabajadores en las áreas antes mencionadas en forma periódicamente, y todos ellos tendrán que tomar un curso de abuso infantil antes de empezar a trabajar con nuestros niños.

REGLA No. 10 – Reconocimiento y Certificación.

Todos los trabajadores deberán leer esta política, y cumplir con todas las reglas y firmar la certificación de abajo

Reconocimiento del trabajador

He leído la política y protocolo de arriba y cumpliré con todas las reglas anteriores.

También autorizo a la iglesia a que ejecute la comprobación de mis antecedentes criminales y que solicite mis referencias.

Nombre del Trabajador: _____Fecha: _____
X_____ (Firma del Trabajador)

Nuestra iglesia o ministerio adopta esta política para el año actual y todos los años sucesivos o hasta que haya una nueva modificación o sea revocada.

_____
Firma de un Oficial/ Sello/Fecha

A-2

Nombre de la Iglesia_____

CONSENTIMIENTO A VERIFICACIÓN
DE ANTECEDENTES PENALES

Nombre: _____

Otros nombres usados: _____

Dirección: _____

Dirección: _____

Si ha vivido menos de dos años en la dirección anterior, favor de proveer la dirección previa:

Email_____ Teléfono: _____

Genero:("H" o "M") _____Fecha de Nacimiento: _____

Social Security o TIN Number: _____

¿Tiene antecedentes penales o criminales?: SI____ NO____

Si tiene antecedentes, favor explicar: _____

Yo, _____ autorizo a: _____

(Nombre de la iglesia) _____
a que conduzcan una verificación de antecedentes legales y penales, incluyendo verificación de empleo, referencias, educación, registros policiales, o cualquier otro registro que verifique la información contenida en esta aplicación.

También libero o exonero de toda responsabilidad legal, o de juicios a la iglesia, a sus agentes o cualquier entidad o persona que haya entregado información.
La información que proveo es verdadera, completa y correcto a mi leal saber y entender.

SIGNATURE: X_____

NOTA: ESTE FORMULARIO ES SOLO PARA UNA VERIFICACION DE ANTECEDENTES. SI EL INDIVIDUO VA SER UN EMPLEADO O CONTRATISTA, USE TAMBIEN LOS FORMULARIOS ALISTADOS EN NUESTRO MANUAL FINANCIERO Y TRIBUTARIO EN LAS PAGINAS #116, #117 Y #105

A-3

REPORTE DE INCIDENTE
CON NIÑOS O NIÑAS

Fecha del incidente_____ Hora: _____

Nombre del Niño o Niña _____

Nombre de los padres o cuidador_____

Lugar del Hecho_____

Dirección: _____

Alistar abajo los nombres de cualquier testigo (si hubo)

_____

Brevemente describa lo sucedido: ___

_____

SI el niño o niño le comentó sobre el incidente, describa brevemente lo que dijo.

_____

_____

Si el niño o niño no le comentó nada, pero sospecha de cualquier abuso, describa las razones de sospecha_____

_____

¿Cómo manejó Ud. este incidente? _____

_____

Este incidente fue reportado al pastor o persona encargada

SI_____NO_____ Razón: _____

¿El incidente fue resuelto? SI_____ NO_____En proceso_____

(Nombre y firma de la persona reportando este incidente)

_____X_____

APÉNDICE B

B-1

PÓLIZA (POLÍTICA) DE ACOSO SEXUAL

Introducción*

Iglesia o Ministerio ("Nuestra Organización") asume el compromiso de mantener un lugar de trabajo libre de acoso sexual. El acoso sexual es una forma de discriminación laboral. Todos los empleados están obligados a trabajar de tal manera que se evite el acoso sexual en el lugar de trabajo. Esta política es un componente del compromiso de Nuestra Organización con un ambiente de trabajo libre de discriminación. El acoso sexual es ilegal[****] y todos los empleados tienen el derecho legal a un lugar de trabajo libre de acoso sexual, y se alienta a los empleados a reportar el acoso sexual presentando una queja interna ante Nuestra Organización. Los empleados también pueden presentar una queja ante una agencia gubernamental o en un tribunal, con base en las leyes federales, estatales o locales contra la discriminación.

Política:

1. La política de Nuestra Organización se aplica a todos los empleados, solicitantes de empleo, practicantes remunerados o no, contratistas y personas que realicen negocios, sin importar su situación migratoria, con Nuestra Organización. En el resto de este documento, el término «empleados» se refiere a este grupo colectivo.

2. El acoso sexual no será tolerado. Todo empleado o persona cubierta por esta póliza que participe en acoso sexual o represalias será objeto de medidas correctivas y/o disciplinarias (por ejemplo, consejería, suspensión, despido).

3. Prohibición de represalias: Ninguna de las personas cubiertas por esta política será objeto de acciones negativas debido a que el empleado reporta un incidente de acoso sexual, proporciona información o ayuda de otra manera en cualquier investigación de una queja por acoso sexual. Nuestra Organización no tolerará este tipo de represalias en contra de alguien que, de buena fe, reporta o proporciona información sobre sospechas de acoso sexual. Cualquier empleado de Nuestra Organización que tome represalias

---

[****] Si bien esta política se refiere explícitamente al acoso sexual, se prohíben el acoso y la discriminación en contra de personas de todas las clases protegidas. En el Estado de New York, estas clases incluyen edad, raza, credo, color de piel, nacionalidad, orientación sexual, situación militar, sexo, discapacidad, estado civil, situación de víctima de violencia doméstica, identidad de género y antecedentes penales.

en contra de alguien que participe en una investigación de acoso sexual será objeto de medidas disciplinarias, que pueden llegar al despido.

4. Todos los empleados, practicantes remunerados o no, o personas que no sean empleados***** que trabajen en el lugar de trabajo y que crean que han sido víctimas de represalias deben informar a un supervisor, gerente, o a (Nombre de la persona encargada). Todos los empleados, practicantes remunerados o no, o personas que no sean empleados que crean que han sido víctimas de represalias también pueden solicitar reparaciones en otros foros disponibles, como se explica más adelante en la sección de Protecciones legales.

5. El acoso sexual es ofensivo, es una infracción a nuestras políticas, es ilegal y puede generar responsabilidades civiles para Nuestra Organización por daños a los objetos del acoso sexual. Los acosadores también pueden tener una responsabilidad en lo individual. Los empleados de todos los niveles que participen en acoso sexual, incluyendo a los gerentes o supervisores que cometan acoso sexual o que permitan que continúe, serán sancionados por mala conducta.

6. Nuestra Organización conducirá una investigación pronta y minuciosa que garantice el debido proceso para todas las partes siempre que la gerencia reciba una queja por acoso sexual o se entere de otra manera de que ocurre acoso sexual. Nuestra Organización mantendrá la investigación confidencial en la medida de lo posible. Se tomarán medidas correctivas efectivas siempre que se descubra que ha ocurrido acoso sexual. Todos los empleados, incluyendo a gerentes y supervisores, están obligados a cooperar con las investigaciones internas de acoso sexual.

7. Se alienta a todos los empleados a reportar todos los casos de acoso sexual y las conductas que infrinjan esta política. Nuestra Organización proporcionará a todos los empleados un formulario de queja para que reporten acoso sexual y presenten quejas.

8. Los gerentes y supervisores están obligados a reportar todas las quejas que reciban y todo el acoso que observen o del que se enteren, a (Nombre de la persona encargada).

9. Esta política se aplica a todos los empleados, practicantes remunerados o no, y a las personas que no son empleados, y todos deben cumplir y hacer cumplir esta política. Esta política debe ser proporcionada a todos los empleados y debe publicarse de manera prominente en todos los lugares de

***** Una persona que no es un empleado es alguien que es (o que está empleado por) un contratista, subcontratista, proveedor, consultor o alguien que presta servicios en el lugar de trabajo. Las personas que no son empleadas y que están protegidas incluyen a las personas comúnmente conocidas como contratistas independientes, trabajadores por proyecto y trabajadores temporales. También incluyen a las personas que prestan servicios de reparación de equipos, limpieza o cualquier otro servicio prestado en los términos de un contrato con el empleador.

trabajo en la medida de lo posible (por ejemplo, en una oficina principal y no en lugares de trabajo externos) y debe entregarse a los empleados cuando son contratados.

Qué es "acoso sexual"

El acoso sexual es una forma de discriminación sexual y está prohibido por las leyes federales, estatales y, en algunos casos, locales. El acoso sexual incluye el acoso debido al sexo, la orientación sexual, el sexo autoidentificado o percibido, la expresión de género, la identidad de género y la situación de ser transgénero.

El acoso sexual incluye conductas indeseadas que sean de naturaleza sexual o que se dirijan a una persona debido a su sexo, cuando:

- Dicha conducta tenga el objetivo o efecto de interferir de manera injustificada con el rendimiento laboral de una persona o de crear un ambiente laboral intimidatorio, hostil u ofensivo, incluso si la persona denunciante no es el objetivo al que se dirige el acoso sexual;
- Dicha conducta sea, explícita o implícito, se convierte en término o condición de empleo; o
- El sometimiento a dicha conducta, o el rechazo de la misma, se use como fundamento para decisiones laborales que afecten el empleo de una persona.

Un ambiente de trabajo hostil con acoso sexual incluye, pero no se limita a palabras, signos, chistes, bromas, intimidación o violencia física que sean de naturaleza sexual o que sean dirigidos a una persona debido a su sexo. El acoso sexual también consiste de cualquier propuesta verbal o física indeseada, declaraciones denigrantes sexualmente explícitas o comentarios sexualmente discriminatorios hechos por alguien que sean ofensivos u objetables para el destinatario, que le causen incomodidad o humillación al destinatario, que interfieran con el desempeño laboral del destinatario.

El acoso sexual también ocurre cuando una persona con autoridad trata de intercambiar beneficios laborales por favores sexuales. Estos pueden incluir la contratación, ascensos, la permanencia en el empleo y cualquier otro término, condición o privilegio del empleo. Esto también se conoce como acoso «quid pro quo».

Todo empleado que se sienta acosado debe reportarlo para que la infracción a la política pueda corregirse con rapidez. Todas las conductas de acoso, incluso un sólo incidente, pueden ser abordadas mediante esta política.

Ejemplos de acoso sexual

Los siguientes son algunos de los tipos de actos que pueden ser acoso sexual ilegal y que están estrictamente prohibidos:

- Actos físicos de naturaleza sexual, tales como:
  - Tocar, pellizcar, dar palmaditas, besar, abrazar, agarrar, frotarse contra el cuerpo de otro empleado o empujar con el dedo el cuerpo de otro empleado;
  - Violación, agresión sexual, abuso sexual o intentos de cometer estos tipos de agresiones.
- Propuestas o sugerencias sexuales indeseadas, tales como:
  - Peticiones de favores sexuales acompañadas por amenazas implícitas o explícitas sobre la evaluación de desempeño de la víctima, un ascenso, u otros beneficios o perjuicios laborales;
  - Presiones sutiles u obvias para realizar actividades sexuales indeseadas.
- Gestos, ruidos, comentarios, chistes y observaciones sobre la sexualidad o la experiencia sexual de una persona que creen un ambiente laboral hostil.
- Los estereotipos sexuales ocurren cuando las conductas o los rasgos de personalidad se consideran inapropiados simplemente porque no se ajustan a las ideas o percepciones de otras personas sobre cómo deben comportarse o qué aspecto deben tener las personas de un sexo en particular.
- Carteles o publicaciones sexuales o discriminatorios en cualquier parte del lugar de trabajo, tales como:
  - La colocación de imágenes, carteles, calendarios, grafiti, objetos, material promocional, materiales de lectura u otros materiales que sean sexualmente denigrantes o pornográficos. Esto incluye dichos materiales sexuales en computadoras o teléfonos celulares en el lugar de trabajo, así como compartir dichos materiales en el lugar de trabajo.
- Actos hostiles emprendidos en contra de una persona debido a su sexo, orientación sexual, identidad de género y situación de ser transgénero, tales como:
  - Interferir con la estación de trabajo, las herramientas o el equipo de otra persona, destruirlos o dañarlos, o interferir de otra manera con la capacidad de la persona para desempeñar su trabajo;
  - Sabotear el trabajo de una persona;
  - Hostigar, gritar, insultar.

¿Quiénes pueden ser objetivos del acoso sexual?

El acoso sexual puede ocurrir entre cualquier tipo de personas, sin importar su sexo o género. Las leyes de New York protegen a los empleados, los practicantes remunerados o no, y las personas que no sean empleados, incluyendo a contratistas independientes y a los empleados de compañías contratadas para prestar servicios en el lugar de trabajo. El acosador puede ser un superior, un subordinado, un compañero de trabajo o cualquier persona en el lugar de trabajo, incluyendo a un contratista independiente, trabajador por contrato, proveedor, cliente o visitante.

¿En dónde puede ocurrir el acoso sexual?

El acoso sexual ilegal no se limita al lugar de trabajo físico. Puede ocurrir mientras los empleados viajan por negocios, o en eventos o fiestas patrocinados por el empleador. Las llamadas, mensajes de texto, correos electrónicos y publicaciones en redes sociales pueden constituir acoso ilegal en el lugar de trabajo, incluso si ocurren fuera de las instalaciones del lugar de trabajo, en dispositivos personales o fuera del horario laboral.

Represalias

Una represalia ilegal puede ser cualquier acto que podría desalentar a un trabajador de alzar la voz para hacer o respaldar una acusación de acoso sexual. Las acciones negativas no tienen que relacionarse con el trabajo ni ocurrir en el lugar de trabajo para constituir represalias ilegales (por ejemplo, amenazas de violencia física fuera del horario laboral).

Dichas represalias están prohibidas por las leyes federales, estatales y, en algunos casos, locales. La Ley de Derechos Humanos del Estado de New York protege a todas las personas que hayan participado en una «actividad protegida». Una actividad protegida ocurre cuando una persona:

- ha presentado una queja por acoso sexual, ya sea de manera interna o ante una agencia contra la discriminación;
- ha testificado en un procedimiento que involucra acoso sexual en los términos de la Ley de Derechos Humanos o de otra ley contra la discriminación.
- se ha opuesto al acoso sexual al hacer una queja verbal o informal ante la gerencia, o simplemente al informar a un supervisor o gerente del acoso;
- ha informado que otro empleado ha sufrido acoso sexual; o
- ha animado a un compañero de trabajo a reportar el acoso.

Incluso si el presunto acoso resulta no constituir una violación de la ley, la persona está protegida contra represalias si creía de buena fe que las prácticas eran ilegales.

Sin embargo, la disposición sobre represalias no tiene la intención de proteger a personas que hagan intencionalmente acusaciones falsas de acoso.

Cómo reportar el acoso sexual

La prevención del acoso sexual es responsabilidad de todos. Nuestra Organización no puede prevenir ni remediar el acoso sexual a menos que esté enterado de él. Se insta a todos los empleados, practicantes remunerados o no, y personas que no sean empleados que hayan sido objeto de conductas que constituyen acoso sexual a que reporten dichas conductas a un supervisor, gerente o (Nombre de la persona encargada). Todas las personas que presencien o se enteren de posibles casos de acoso sexual deben reportar dichas conductas a un supervisor, gerente o a (Nombre de la persona encargada).

Los reportes de acoso sexual pueden hacerse de manera verbal o escrita. Se adjunta a esta política un formulario para la presentación de una queja por escrito, y se alienta a todos los empleados a utilizarlo. Los empleados que reporten acoso sexual en nombre de otros empleados deben usar el formulario de queja y señalar que lo hacen en nombre de otro empleado.

Los empleados, practicantes remunerados o no, o personas que no sean empleados que crean que han sido víctimas de acoso sexual también pueden solicitar reparaciones en otros foros disponibles, como se explica más adelante en la sección de Protecciones legales.

Responsabilidades de los supervisores

Todos los supervisores y gerentes que reciban una queja o información sobre una sospecha de acoso sexual, que observen comportamientos que podrían constituir acoso sexual o que por cualquier razón sospechen que podría estar ocurriendo acoso sexual, **están obligados** a reportar sus sospechas de acoso sexual a (Nombre de la persona encargada)

Además de ser objeto de medidas disciplinarias en caso de haber cometido conductas que constituyan acoso sexual, los supervisores y gerentes estarán sujetos a medidas disciplinarias por no informar sospechas de acoso sexual, o por permitir de cualquier manera que continúe el acoso sexual del que están enterados.

Los supervisores y gerentes también estarán sujetos a medidas disciplinarias por tomar cualquier medida de represalia.

Quejas e investigaciones de acoso sexual

Todas las quejas e información sobre el acoso sexual serán investigadas, sin importar si fue reportada de manera verbal o escrita. Las investigaciones se realizarán de manera oportuna y se mantendrán confidenciales en la medida de lo posible.

Las investigaciones de todas las quejas, información y conocimientos de sospechas de acoso sexual serán oportunas y minuciosas, se iniciarán de inmediato y se completarán lo antes posible. La investigación se mantendrá confidencial en la medida de lo posible. Todas las personas involucradas, incluyendo a los reclamantes, testigos y presuntos acosadores, recibirán el debido proceso que se describe a continuación, con el fin de proteger su derecho a una investigación justa e imparcial.

Todo empleado puede ser requerido a cooperar, cuando sea necesario, en una investigación de acoso sexual. Nuestra Organización no tolerará las represalias contra empleados que presenten quejas, que respalden la queja de alguien más, o que participen en una investigación de una infracción a esta política.

Si bien el proceso puede variar de un caso a otro, las investigaciones deben realizarse siguiendo estos pasos:

- Tras recibir la queja, (Nombre de la persona encargada realizará una revisión inmediata de los alegatos, y tomará las medidas temporales que sean apropiadas (por ejemplo, indicar al acusado que no debe comunicarse con el reclamante), cuando sea necesario. Si la queja es verbal, alentar a la persona a llenar el formulario de queja por escrito. En caso de que se niegue, preparar un formulario de queja basado en el reporte verbal.
- Si hay documentos, correos electrónicos o registros telefónicos que sean pertinentes a la investigación, tomar las medidas necesarias para obtenerlos y preservarlos.
- Solicitar y analizar todos los documentos relevantes, incluyendo todas las comunicaciones electrónicas.
- Entrevistar a todas las partes involucradas, incluyendo a los testigos pertinentes;
- Crear documentación escrita de la investigación (como una carta, memorando o correo electrónico) que contenga lo siguiente:
  - Una lista de los documentos analizados, junto con un resumen detallado de los documentos pertinentes;
  - Una lista de los nombres de las personas entrevistadas, junto con un resumen detallado de sus declaraciones;
  - Un cronograma de los sucesos;
  - Un resumen de incidentes previos relevantes, reportados o no; y

- Los fundamentos de la decisión y resolución definitiva de la queja, junto con las medidas correctivas.
- Mantener la documentación escrita y los documentos relacionados en un lugar seguro y confidencial.
- Notificar de manera expedita a la persona que reportó y a la(s) persona(s) sobre las que se presentó la queja de la determinación definitiva, e implementar todas las acciones correctivas identificadas en el documento escrito.
- Informar a la persona que reportó sobre su derecho a presentar una queja o acusación externa, como se explica a continuación.

Protecciones legales y remedios externos

El acoso sexual no sólo está prohibido por Nuestra Organización, sino que también lo prohíben las leyes estatales, federales y, cuando existan, locales.

Además del proceso interno en Nuestra Organización, los empleados también pueden decidir buscar remedios legales ante los siguientes organismos gubernamentales. Si bien no es necesario contratar a un abogado privado para presentar una queja ante una agencia gubernamental, puede solicitar asesoría legal de un abogado.

Además de las descritas a continuación, los empleados en ciertas industrias pueden tener protecciones legales adicionales.

Ley Estatal de Derechos Humanos (HRL)

Ley Estatal de Derechos Humanos (por sus siglas en inglés, HRL), codificada como la Ley Ejecutiva de N.Y., art. 15, § 290 et seq., se aplica a todos los empleados en el Estado de New York en lo referente al acoso sexual, y protege a los empleados, practicantes remunerados o no y personas que no sean empleados, sin importar su situación migratoria. Puede presentar una denuncia por violación de la Ley de Derechos Humanos ante la División de Derechos Humanos (por sus siglas en inglés, «DHR») o ante la Corte Suprema del Estado de New York.

Puede presentar una denuncia ante la DHR en cualquier momento **antes de que transcurra un año** del acoso. Si una persona no presentó una denuncia ante la DHR, puede demandar directamente en los tribunales estatales por violaciones a la Ley de Derechos Humanos **antes de que transcurran tres años** del presunto acoso sexual. Una persona no puede denunciar ante la DHR si ya ha presentado una demanda de acuerdo con la Ley de Derechos Humanos ante un tribunal estatal.

Presentar una queja interna con Nuestra Organización no amplía su plazo para presentar su denuncia ante la DHR o en un tribunal. El plazo de uno o tres años se cuenta desde la fecha del incidente más reciente de acoso.

No necesita un abogado para presentar una queja ante la DHR, y hacerlo no tiene ningún costo.

La DHR investigará su queja y determinará si existe causa probable para creer que ocurrió acoso sexual. Las causas probables se presentan en una audiencia pública ante un juez administrativo. Si se determina que existió acoso sexual después de una audiencia, la DHR tiene facultades para ordenar reparaciones, que varían, pero pueden incluir ordenar a su empleador que actúe para detener el acoso, o que repare el daño causado, lo que incluye el pago de una indemnización monetaria, honorarios de abogados y multas civiles.

La información de contacto de la oficina principal de la DHR es: NYS Division of Human Rights, One Fordham Plaza, Cuarto Piso, Bronx, New York 10458. Puede llamar al (718) 741-8400 o visitar: www.dhr.ny.gov.

Comuníquese con la DHR al (888) 392-3644 o visite dhr.ny.gov/complaint para obtener más información sobre cómo presentar una queja. El sitio web tiene un formulario de queja que puede descargar, llenar, notarizar y enviar por correo a la DHR. El sitio de internet también contiene la información de contacto de las oficinas regionales de la DHR en todo el Estado de New York.

Ley de Derechos Civiles de 1964

La Comisión de Igualdad de Oportunidades de Empleo de Estados Unidos (por sus siglas en inglés, «EEOC») hace cumplir las leyes contra la discriminación, incluyendo el Título VII de la Ley Federal de Derechos Civiles de 1964 (codificada como 42 U.S.C. § 2000e et seq.). Una persona puede presentar una denuncia ante la EEOC en cualquier momento dentro de un plazo de 300 días del acoso. Presentar una denuncia ante la EEOC no tiene costo alguno. La EEOC investigará la denuncia y determinará si existe causa razonable para creer que ha ocurrido discriminación, en cuyo caso la EEOC expedirá una carta de «Derecho a demandar» que permite que la persona presente una demanda en un tribunal federal.

La EEOC no celebra audiencias ni ordena reparaciones, pero puede tomar otras medidas, incluyendo litigar casos en tribunales federales en nombre de los demandantes. Los tribunales federales pueden ordenar reparaciones si se determina que existió discriminación. En general, los empleadores privados deben tener al menos 15 empleados para estar bajo la jurisdicción de la EEOC.

Un empleado que alegue discriminación laboral puede presentar una «Acusación de discriminación». La EEOC tiene oficinas de distrito, área y locales en las que pueden presentarse denuncias. Comuníquese con la EEOC llamando al 1-800-669-4000 (TTY: 1-800-669-6820), visitando su sitio de internet en www.eeoc.gov o por correo electrónico a info@eeoc.gov.

Si una persona presentó una queja administrativa ante la DHR, esta presentará la queja ante la EEOC con el fin de preservar el derecho para acudir a un tribunal federal.

Protecciones locales

Muchas localidades aplican leyes que protegen a las personas contra el acoso sexual y la discriminación. La persona debe comunicarse con el condado, la ciudad o el municipio en el que vive para averiguar si tienen leyes en este sentido. Por ejemplo, los empleados que trabajan en la Ciudad de New York pueden presentar quejas por acoso sexual ante la Comisión de Derechos Humanos de la Ciudad de New York. Comuníquese con su oficina principal de la División del Cumplimiento de la Ley de la Comisión de Derechos Humanos a: Law Enforcement Bureau of the NYC Commission on Human Rights, 40 Rector Street, 10th Floor, New York, New York; llame al 311 o (212) 306-7450; o visite www.nyc.gov/html/cchr/html/home/home.shtml.

Llame al Departamento de Policía de su localidad

Si el acoso involucra contacto físico indeseado, encierro físico forzado o actos sexuales forzados, podría constituir un delito. Llame al Departamento de Policía de su localidad.

Nuestra organización adopta esta política para el año actual y todos los años sucesivos o hasta que haya una nueva modificación o sea rechazada.

_____

Firma de un Oficial/Sello/Fecha

*NOTA:

Este modelo de Política de Acoso Sexual fue diseñado basándose en el modelo que publico el estado de Nueva York en el año 2019. El lenguaje y redacción es casi idéntica al modelo de política de Acoso Sexual que el estado de Nueva York redacto. Si Ud. no reside en el estado de Nueva York consulte con un abogado de su estado ya que esta política podría tener que ser modificados para cumplir con las leyes de ese estado.

B-2

FORMULARIO DE QUEJA PARA REPORTAR ACOSO SEXUAL

Nombre del Empleador (Iglesia/Ministerio)

La Ley de Trabajo del Estado de New York exige que todos los empleadores adopten una política de prevención del acoso sexual que incluya un formulario de queja para reportar presuntos incidentes de acoso sexual.

Si cree que ha sido objeto de acoso sexual, le invitamos a llenar este formulario y enviarlo a la *persona designada.* No sufrirá represalias por presentar esta queja.

Si se siente más cómodo haciendo un reporte verbal o de otra manera, su empleador debe llenar este formulario, entregarle una copia y seguir su política de prevención de acoso sexual para investigar las acusaciones, como se explica al final de este formulario.

INFORMACIÓN DEL RECLAMANTE

Nombre: _____

Dirección del trabajo: _____

Teléfono_____ Correo electrónico _____

Puesto/Posición: _____

Seleccione el método de comunicación que prefiere: ❑Correo electrónico
❑Teléfono   ❑En persona

INFORMACIÓN DEL SUPERVISOR

Nombre y Cargo del supervisor inmediato: _____

Teléfono del trabajo: _____Dirección del trabajo: _____

FORMULARIO DE INFORMACIÓN
DE LA QUEJA

1. Su queja por acoso sexual se refiere a:

    Nombre: _____

    Dirección del trabajo: _____

    Teléfono_____ Correo electrónico _____

    Puesto/Posición: _____

    Seleccione el método de comunicación que prefiere: ❑Correo electrónico
    ❑Teléfono

    Relación con usted: Supervisor Subordinado Compañero de trabajo Otra

2. Describa lo que ocurrió y cómo le está afectando a usted y a su trabajo. Use hojas adicionales si las necesita, y adjunte todos los documentos pertinentes como evidencias.

    _____

    _____

3. Fecha(s) y lugar en que ocurrió el acoso sexual: _____

    ¿El acoso sexual continúa?   ❑Sí   ❑No

4. Escriba los nombres y la información de contacto de todos los testigos o las personas que puedan tener información relacionada con su queja.

    _____

    La última pregunta es opcional, pero puede ayudar en la investigación.

5. ¿Previamente ha presentado quejas o ha proporcionado información (verbal o escrita) sobre incidentes relacionados? Si contestó que sí, ¿cuándo y a quién le presentó las quejas o la información? _____

Si ha contratado un abogado y desea que colaboremos con él o ella, escriba su información de contacto. (Nombre, Dirección, teléfono, y correo electrónico.

Firma: _____ *Fecha:* _____

Instrucciones para los empleadores/iglesia

Si recibe una queja sobre presunto acoso sexual, siga su política de prevención de acoso sexual.

Una investigación involucra:

- Hablar con el empleado
- Hablar con el presunto acosador
- Entrevistar testigos
- Recolectar y analizar todos los documentos relacionados

Si bien el proceso puede variar de un caso a otro, todos los alegatos deben investigarse de manera oportuna y resolverse lo antes posible. La investigación debe mantenerse confidencial en la medida de lo posible.

Documente los hallazgos de la investigación y los fundamentos de su decisión junto con las medidas correctivas aplicadas, y notifique al empleado y a la persona en contra de quien se presentó la queja. Puede hacerlo por correo electrónico.

APÉNDICE C

POSTER DE AVISO DE POLÍTICA DE ACOSO SEXUAL

El acoso sexual es ilegal.

Todos los empleados tienen el derecho legal a un lugar de trabajo libre de acoso sexual, y [Nombre de Iglesia] asume el compromiso de mantener un lugar de trabajo libre de acoso sexual.

De acuerdo con las leyes del Estado de New York, [Nombre de Iglesia] tiene una política de prevención de acoso sexual para protegerlo. Esta política se aplica a todos los empleados, practicantes remunerados o no, y a las personas que no son empleados en nuestro lugar de trabajo, sin importar su situación migratoria.

Si cree que ha sido objeto de acoso sexual o ha presenciado acoso sexual, le invitamos a reportar el acoso a un supervisor o gerente o a [persona encargada] para que podamos tomar medidas.

Nuestra política completa se encuentra en:

Nuestro formulario de queja se encuentra en:

Si tiene preguntas y para presentar una queja, comuníquese con:

[Persona encargada]

[Información de Contacto de la Entidad encargada)

Para obtener más información y recursos, visite el sitio web de NY.GOV:

APÉNDICE D

PREGUNTAS FRECUENTES PARA TRABAJADORES Y EMPLEADOS

Preguntas para trabajadores:

P1. Creo que he sido objeto de acoso sexual. ¿Qué debo hacer?

R1. Si cree que ha sufrido acoso sexual, debe reportar la conducta a su empleador, agencia de trabajo temporal o agencia de colocación. Si su empleador es su acosador, o si no confía en cómo reaccionará su empleador, puede comunicarse con la División de Derechos Humanos del Estado de New York. La División de Derechos Humanos puede recibir quejas e investigar.

También puede, de manera simultánea o subsecuente, presentar una queja ante la División de Derechos Humanos del Estado de New York. Recuerde: la queja ante la División de Derechos Humanos debe presentarse antes de que transcurra un año del presunto acto discriminatorio. Para obtener más información, consulte el folleto de la División titulado «Acoso sexual».

P2. ¿Cómo puedo presentar una queja ante la División de Derechos Humanos?

R2. Hay varias maneras de presentar una queja ante la División:

- Para obtener más información sobre cómo presentar una queja, visite: www.dhr.ny.gov/complaint.
- Puede llamar al 1-888-392-3644

Puede visitar una oficina de la División de Derechos Humanos y presentar una queja en persona: https://dhr.ny.gov/contact-us

P3. ¿Mi empleador puede tomar represalias en mi contra si presento una queja?

P3. La Ley de Derechos Humanos de New York prohíbe las represalias por presentar una queja interna a su empleador, o por presentar una queja ante la División de Derechos Humanos. Si siente que ha sido objeto de represalias, debe comunicarse con la División y presentar una queja.

P4. ¿Mi empleador está cubierto por la Ley de Derechos Humanos?

R4. Sí. La Ley de Derechos Humanos ordena a TODOS los empleadores del Estado de New York, sin importar la cantidad de empleados, proporcionar un lugar de trabajo libre de acoso sexual.

Personas que no son empleados en un lugar de trabajo

P1. No soy empleado directo de la compañía en donde sufrí acoso, ¿aun así estoy cubierto?

R1. A partir del 12 de abril de 2018, las personas que no son empleados, por ejemplo, contratistas, subcontratistas, proveedores, consultores o cualquier persona que preste servicios en el lugar de trabajo, también están protegidas de acoso en el lugar en el que están trabajando. Las personas que no son empleadas y que están protegidas incluyen a las personas comúnmente conocidas como contratistas independientes, trabajadores por proyecto y trabajadores temporales. También incluyen a las personas que prestan servicios de reparación de equipos, limpieza o cualquier otro servicio prestado en los términos de un contrato con el empleador.

P2. Trabajo para un contratista de mantenimiento y limpio las oficinas de un negocio. Un empleado del edificio, que no es empleado del negocio al que presto servicios de limpieza, me invita constantemente a citas. No me agrada su comportamiento. ¿Qué puedo hacer? R2. Tanto su empleador como el negocio que opera en su lugar de trabajo están obligados a proporcionarle un lugar de trabajo libre de acoso. Debe reportar el comportamiento al negocio que opera en su lugar de trabajo, y también a su propio empleador. Ambos son responsables de resolver el problema. Si su empleador es su acosador, o si no confía en cómo reaccionará su empleador, también puede presentar una queja ante la División de Derechos Humanos.

P3. El reparador de copiadoras siempre hace bromas sexuales que me molestan. Mi jefe dice que no puede hacer nada al respecto.

R3. Su empleador está obligado a proporcionarle un lugar de trabajo libre de acoso sexual, sin importar quién es el acosador. Su empleador está obligado a tomar las medidas adecuadas para resolver su queja. Si no confía en cómo reaccionará su empleador, debe presentar una queja ante la División de Derechos Humanos.

P4. Un trabajador temporal me cuenta historias sexualmente explícitas sobre sus "citas" con regularidad. Me he quejado, pero mi supervisor dice que no tiene autoridad sobre los trabajadores temporales.

R4. Su supervisor está obligado a presentar su queja a alguien que pueda investigar y tomar medidas correctivas. Puede quejarse con otro supervisor o gerente de su empleador, o puede presentar una queja ante la División de Derechos Humanos, o puede hacer las dos cosas.

P5. Trabajo como contratista independiente, y gran parte de mi trabajo se lleva a cabo fuera de las instalaciones del negocio. Sin embargo, cuando acudo a la oficina para ver a la persona que supervisa mi trabajo, trata de iniciar una relación sexual indeseada conmigo. Es la única persona del negocio con la que tengo contacto y no sé cómo presentar una queja.

R5. Se pide a los empleadores que publiquen y pongan a disposición de todos, sus políticas de prevención del acoso sexual. Puede quejarse con un supervisor o gerente de su empleador, presentar una queja ante la División de Derechos Humanos, o las dos cosas.

Preguntas frecuentes para empleadores

P1. ¿El Estado ofrecerá talleres y seminarios por internet?

R1. Sí. Las fechas de las sesiones de capacitación se anunciarán en este sitio de internet.

P2. ¿Qué tipos de registros deben mantener los empleadores para comprobar el cumplimiento?

R2. No se exige un reconocimiento firmado de haber leído la política, pero se recomienda a los empleadores conservar un reconocimiento firmado y conservar una copia de los registros de capacitación. Estos registros pueden ser de utilidad para abordar futuras quejas o demandas.

P3. ¿Esta ley se aplica a los empleadores de la Ciudad de New York?

R3. Sí. Se aplica a todos los empleadores del Estado de New York, incluyendo a la Ciudad de New York.

Idiomas

P1. ¿El Estado de New York proporcionará recursos para capacitación en idiomas distintos al inglés?

R1. Sí. Los materiales finalizados serán traducidos al español, chino, coreano, bengalí, ruso, italiano, polaco y criollo haitiano lo antes posible y se pondrán en este sitio de internet. Pueden añadirse idiomas adicionales en el futuro.

P2. ¿Estoy obligado a proporcionar la política y la capacitación en idiomas distintos al inglés?

R2. Sí. Los empleadores deben impartir la capacitación a los empleados en el idioma que estos hablen. Los materiales modelo serán traducidos de acuerdo con la Orden Ejecutiva 26, Política de acceso a idiomas a nivel estatal. Cuando una plantilla de capacitación del Estado no esté disponible en la lengua materna de un empleado, el empleador puede proveer a ese empleado una versión en inglés. Sin embargo, dado que los empleadores pueden ser responsables de la conducta de todos sus empleados, se invita encarecidamente a los empleadores a proporcionar la política e impartir la capacitación en el idioma hablado por el empleado.

Política

P1. ¿Cómo pueden los empleadores proporcionar su política a los empleados?

R1. Los empleadores deben proporcionar su política a sus empleados por escrito o por medios electrónicos. Si una copia está disponible en una computadora del trabajo, los trabajadores deben poder imprimir una copia para su archivo.

P2. ¿El empleador tiene alguna responsabilidad de capacitar a proveedores externos u otras personas que no sean empleados que interactúen una vez o con regularidad en una oficina ubicada en el Estado de New York?

R2. No. Sin embargo, publicar una copia de su política en un área de alta visibilidad sirve para comunicar sus esfuerzos como empleador responsable.

P3. ¿Qué debo hacer si un empleado temporal es acosado por un empleado de otra compañía?

R3. En esas circunstancias, debe informar tanto a la compañía como al despacho del empleado temporal. Sin embargo, si puede aplicar alguna medida para prevenir o acabar con dicho acoso, debe hacerlo, como se explica en la política.

P4. ¿Qué política debe proporcionarse a los contratistas, subcontratistas, proveedores y consultores, si es que debe proporcionárseles alguna?

R4. Los empleadores no tienen que proporcionar política alguna a los contratistas independientes, proveedores o consultores, ya que dichas personas no son empleados del empleador. Sin embargo, la Ley de Derechos Humanos del Estado impone responsabilidades al empleador por sus actos, y se recomienda que proporcione la política y la capacitación a todas las personas que presten servicios en el lugar de trabajo.

P5. Si un empleador ya ha establecido procedimientos de investigación que son similares, pero no idénticos, a los provistos en el modelo, ¿puede el empleador desviarse de estos requisitos específicos sin incumplir la ley?

R5. Sí. Pero los procedimientos de investigación que utilizará el empleador deben ser explicados en la política del empleador.

P6. ¿Es necesario incluir el formulario de queja completo en la política?

R6. No. Sin embargo, los empleadores deben dejar claro en dónde puede encontrar el formulario, como por ejemplo en un sitio web interno de la compañía.

Capacitación

P1. ¿Quiénes son considerados como empleados para el requisito de capacitación? ¿Y cuál es la fecha límite para completar la capacitación?

R1. "Empleado" incluye a todos los trabajadores, independientemente de su estado migratorio. Los empleados también incluyen a los empleados exentos y no exentos, a los trabajadores de tiempo parcial, a los trabajadores por temporada y a los trabajadores temporales. Todos los empleados deben completar el modelo de capacitación o una capacitación comparable que cumpla con los estándares mínimos antes del 9 de octubre de 2019.

P2. ¿Con cuánta frecuencia los empleados deben recibir capacitación sobre acoso sexual? R2. Los empleados deben ser capacitados por lo menos una vez al año. En años subsecuentes, este período puede basarse en el año calendario, el aniversario de la fecha de ingreso de cada empleado, o cualquier otra fecha que elija el empleador.

P3. ¿Qué tan pronto deben ser capacitados los empleados nuevos?

R3. Dado que los empleadores pueden ser responsables por las acciones de los empleados inmediatamente después de la contratación, el Estado recomienda capacitarlos lo antes posible. Los empleadores deben distribuir la política a los empleados antes de que empiecen a trabajar y deben tenerla publicada.

P4. Si un empleador ha proporcionado previamente capacitación que cumpla o exceda los requisitos, ¿los empleados deben volverse a capacitar?

R4. Los empleados deben recibir capacitación cada año. Si los empleados ya recibieron capacitación este año, pero esta NO cumplió con todos los requisitos nuevos, los empleadores sólo tienen que impartir capacitación suplementaria para asegurarse de que se cumplan todos los requisitos.

P5. ¿Existe una cantidad mínima de horas de capacitación que los empleados deben completar cada año?

R5. No, siempre y cuando reciban capacitación que cumpla o exceda los estándares mínimos.

P6. ¿Cuáles son las obligaciones de las agencias de empleo? ¿Qué pasa con los empleados que ya recibieron la misma capacitación de otro empleador en el último año? R6. La ley ordena que los empleadores proporcionen una política de prevención del acoso sexual y capacitación sobre el tema cada año a todos los empleados. Un empleador puede decidir considerar que se ha satisfecho el requisito de capacitación si un nuevo empleado puede verificar su cumplimiento con un empleador actual o con un despacho de trabajo temporal.

Una agencia u otra organización laboral (como un sindicato) puede decidir impartir capacitación a los trabajadores, sin embargo, el empleador aún podría ser responsable por la conducta del empleado y su comprensión de las políticas y debe capacitar al empleado en los detalles y los procesos específicos de su compañía o industria.

P7. Soy un empleador ubicado en el Estado de New York, pero también tengo empleados que sólo trabajan en otros estados. ¿También necesitan recibir capacitación?

R7. No. Sólo los empleados que trabajan o trabajarán en el Estado de New York necesitan recibir capacitación. Sin embargo, si un empleado trabaja una parte de su tiempo en el Estado de New York, debe recibir capacitación incluso si suele trabajar en otro estado.

P8. ¿Los empleados menores de edad (por ejemplo, niños actores) están obligados a recibir capacitación sobre acoso sexual?

R8. Sí. Sin embargo, quienes emplean a niños menores de 14 años de edad pueden optar por simplificar la capacitación y la política, sin dejar de cumplir los requisitos mínimos.

P9. ¿Qué significa "capacitación interactiva"?

R9. Las leyes del Estado de New York exigen que toda la capacitación sobre acoso sexual sea interactiva. La capacitación puede ser por internet, siempre y cuando sea interactiva. Algunos ejemplos de participación de los empleados son:

- Si la capacitación es por internet, tiene preguntas al final de una sección y el empleado debe seleccionar la respuesta correcta;
- Si la capacitación es por internet, los empleados tienen la opción de enviar una pregunta en línea y de recibir una respuesta de inmediato o de manera oportuna;
- En una capacitación en persona o en vivo, el presentador hace preguntas a los empleados o les da tiempo para hacer preguntas durante la presentación;

Las capacitaciones por internet o en persona proporcionan una Encuesta de Retroalimentación a los empleados, para que la entreguen después de terminar la capacitación.

Una persona que observa un video de capacitación o lee un documento, sin mecanismo alguno de retroalimentación o interacción, NO se consideraría como interactiva.

P10. ¿Es necesario que haya un capacitador en línea o en persona y el capacitador debe tener alguna certificación?

R10. Si bien es una mejor práctica para una capacitación eficaz e interesante, no se requiere específicamente un capacitador en persona. Los capacitadores pueden impartir la capacitación en persona o por teléfono, videoconferencia, etc. No se requiere certificación y el Estado actualmente no certifica ni acredita a los proveedores de capacitación.

P11. ¿Puedo contratar a un tercero para impartir la capacitación? ¿Cómo me aseguro de que cumpla con los estándares?

R11. Puede contratar a un proveedor o una organización externa, o pedir a sus empleados o gerentes que impartan la capacitación. Debe revisar previamente la capacitación de un tercero para asegurarse de que cumpla o exceda los estándares mínimos que exige la ley.

P11 ¿Existen diferentes requisitos de capacitación para los empleados en puestos de supervisión o gerencia?

R11. Los empleadores deben enseñar a los gerentes y supervisores, así como a todos los empleados, las obligaciones adicionales de quienes ocupan puestos de supervisión o gerencia. El modelo de capacitación aborda las obligaciones adicionales, y los empleadores pueden decidir impartir capacitación adicional o distinta a los supervisores y gerentes.

P12. ¿Qué ocurre si algunos empleados no toman la capacitación pese a los esfuerzos del empleador para ponerla disponible y ordenar a todos que la reciban?

R12. Los empleadores están obligados a asegurarse de que todos los empleados reciban capacitación anual. Los empleadores pueden tomar las medidas administrativas apropiadas para garantizar el cumplimiento.

P13. ¿Las empresas están obligadas a pagar a los trabajadores el tiempo utilizado para la capacitación, por ejemplo, durante el proceso de ingreso, antes de que inicie su trabajo?

R13. Los empleadores deben cumplir las normas federales (*consultar, por ejemplo,* 29 CFR 785.27-785.32), que en general ordenan que el tiempo para la capacitación provista por el empleador se cuente como tiempo de trabajo regular.

P14. ¿Cómo afecta el tiempo de capacitación para la prevención del acoso sexual a la regla 80/20 de la Orden de Sueldos para Hospitalidad?

R14. Al igual que otras capacitaciones obligatorias, esta no afecta el porcentaje de la orden y debe ser tratada igual que otras capacitaciones del empleador.

P15. ¿Las secciones de los materiales modelo de capacitación que no se ordenan explícitamente en la ley son obligatorias?

R15. No, pero se recomiendan encarecidamente. Además, se recomienda a los empleadores exceder los requisitos mínimos de capacitación.

APÉNDICE E-1

EMPLOYMENT APPLICATION/CONTRACTOR/VOLUNTEER.
APLICACIÓN DE EMPLEO/CONTRATISTA/VOLUNTARIO

Date/Fecha:	Position/Posición

PERSONAL INFORMATION/DATOS PERSONALES

Name/Nombre:

Address/Dirección:

Telephones/Teléfonos:

Emergency Contact Information/En caso de Emergencia contactar a:	Name/Nombre/Phone/Tel:

EDUCATION/EDUCACION/ SCHOOL/ESCUELA	Name/Nombre	State & City / Ciudad y Estado	Graduation Year/ Año de Graduación	Major/ Concentración
Graduate School/Master				
College/Bachillerato				
Trade School/Vocacional				

EXPERIENCE/EXPERIENCIA			
Company/Compañía	Title/Posición	Date/Fechas	Duties/Deberes

REFERENCES/REFERENCIAS			
Name/Nombre	Title/Posición	Relationship/Relación	Telephone or email/ Teléfono o email

CLASSIFICATION/CLASIFICACION: ____EMPLOYEE/EMPLEADO___CONTRACTOR/CONTRATISTA/VOLUNTEER/VOLUNTARIO

Note: Employees submit W4 and contractors and Volunteers (in certain instances) submit form W9. Other forms may also be submitted, such as criminal background checks, identity documentation, confidentiality agreements and others. Empleados someter W4 contratistas y voluntarios (en ciertas ocasiones) someter formulario W9. Otros formularios pueden ser requeridos como antecedentes criminales, identificación, acuerdos de confidencialidad y otros.

X_____Signature/Firma

APÉNDICE E-2

Formulario W-4(SP) (2019)

Acontecimientos futuros. Toda información sobre acontecimientos futuros que afecten al Formulario W-4(SP) (como legislación aprobada después de que el formulario ha sido publicado) será anunciada en *www.irs.gov/FormW4SP.*

Propósito. Complete el Formulario W-4(SP) para que su empleador pueda retener la cantidad correcta del impuesto federal sobre los ingresos de su paga. Considere completar un nuevo Formulario W-4(SP) cada año y cuando su situación personal o financiera cambie.

Exención de la retención. Puede reclamar la exención de la retención para 2019 si **ambas** de las siguientes situaciones le corresponde:

• Para 2018 tenía derecho a un reembolso de **todo** el impuesto federal sobre los ingresos retenido porque **no** tenía obligación tributaria **y**

• Para 2019 espera un reembolso de **todo** el impuesto federal sobre ingreso retenido porque usted espera **no** tener obligación tributaria.

Si está exento, complete **sólo** las líneas **1, 2, 3, 4** y **7** y firme el formulario para validarlo. Su exención para 2019 vence el 17 de febrero de 2020. Vea la Publicación 505, *Tax Withholding and Estimated Tax* (Retención de impuestos e impuesto estimado), en inglés, para saber más sobre si reúne los requisitos para la exención de la retención.

Instrucciones Generales

Si no está exento, siga el resto de estas instrucciones para determinar el número de retenciones que debe reclamar para propósitos de la retención para 2019 y cualquier cantidad adicional de impuestos a ser retenida. Para los salarios normales, la retención tiene que basarse en los descuentos que reclamó y no puede ser una cantidad fija ni un porcentaje de los salarios.

También puede usar la calculadora en *www.irs.gov/ W4AppSP* para determinar su retención de impuestos con mayor precisión. Considere usar esta calculadora si tiene una situación tributaria más complicada, como por ejemplo, si tiene un cónyuge que trabaja, si tiene más de un trabajo o tiene una cantidad alta de ingresos no derivados del trabajo no sujetos a retención aparte de su trabajo. Después de que su Formulario W-4(SP) entre en vigencia, también puede usar esta calculadora para ver cómo la cantidad de impuestos que tiene retenida se compara con su impuesto total previsto para 2019. Si usa la calculadora, no necesita completar ninguna de las hojas de trabajo para el Formulario W-4(SP).

Tenga en cuenta que si retiene demasiados impuestos recibirá un reembolso cuando presente su declaración de impuestos. Si no retiene suficientes impuestos, adeudará impuestos cuando presente su declaración de impuestos y podría estar sujeto a una multa.

Personas con múltiples trabajos o con cónyuges que trabajan. Si tiene más de un trabajo a la vez, o si es casado que presenta una declaración conjunta y su cónyuge trabaja, lea todas las instrucciones, incluyendo las instrucciones para la **Hoja de Trabajo para Dos Asalariados o Múltiples Empleos** antes de comenzar.

Ingresos no derivados del trabajo. Si tiene una cantidad alta de ingresos no derivados del trabajo no sujetos a retención, tales como intereses o dividendos, considere hacer pagos de impuestos estimados usando el Formulario 1040-ES, *Estimated Tax for Individuals* (Impuesto estimado para personas físicas), en inglés. De lo contrario, puede adeudar impuestos adicionales. O bien, puede usar la **Hoja de Trabajo para Deducciones, Ajustes e Ingreso Adicional** en la página **4** o la calculadora en *www.irs.gov/ W4AppSP* para asegurarse de tener suficientes impuestos retenidos de su cheque de paga. Si tiene ingresos por concepto de pensión o anualidad, vea la Publicación 505 o utilice la calculadora en *www.irs.gov/W4AppSP* para saber si tiene que ajustar su retención en el Formulario W-4(SP) o el Formulario W-4P, en inglés.

Extranjero no residente. Si es extranjero no residente, vea el Aviso 1392, *Supplemental Form W-4 Instructions for Nonresident Aliens* (Instrucciones complementarias para el Formulario W-4 para extranjeros no residentes), en inglés, antes de completar este formulario.

--------------------- Separe aquí y entregue su Formulario W-4(SP) a su empleador. Guarde la(s) hoja(s) de trabajo en sus archivos. ---------------------

Formulario **W-4(SP)**	**Certificado de Exención de Retenciones del Empleado**	OMB No. 1545-0074
Department of the Treasury Internal Revenue Service	▶ Su derecho a reclamar cierto número de descuentos o a declararse exento de la retención de impuestos está sujeto a revisión por el *IRS*. Su empleador podría tener la obligación de enviar una copia de este formulario al *IRS*.	2019

1 Su primer nombre e inicial del segundo	Apellido	**2** Su número de Seguro Social

Dirección (número de casa y calle o ruta rural)

3 ☐ Soltero ☐ Casado ☐ Casado, pero retiene con la tasa mayor de Soltero
Nota: Si es casado, pero está legalmente separado, marque el recuadro "Casado, pero retiene con la tasa mayor de Soltero".

Ciudad o pueblo, estado y código postal (*ZIP*)

4 Si su apellido es distinto al que aparece en su tarjeta de Seguro Social, marque este recuadro. Debe llamar al 800-772-1213 para recibir una tarjeta de reemplazo. ▶ ☐

5	Número total de exenciones que reclama (de la hoja de trabajo que le corresponda en las siguientes páginas)	**5**	
6	Cantidad adicional, si la hay, que desea que se le retenga de cada cheque de paga	**6**	$
7	Reclamo exención de la retención para 2019 y certifico que cumplo con **ambas** condiciones, a continuación, para la exención:		

• El año pasado tuve derecho a un reembolso de **todos** los impuestos federales sobre el ingreso retenidos porque **no** tuve obligación tributaria alguna **y**
• Este año tengo previsto un reembolso de todos los impuestos federales sobre los ingresos retenidos porque tengo previsto no tener una obligación tributaria.

Si cumple con ambas condiciones, escriba *"Exempt"* (Exento) aquí . . . . ▶ | **7** |

Bajo pena de perjurio, declaro haber examinado este certificado y que a mi leal saber y entender, es verídico, correcto y completo.
Firma del empleado
(Este formulario no es válido a menos que usted lo firme). ▶ _____ **Fecha** ▶

8 Nombre y dirección del empleador (**Empleador:** Complete las líneas **8** y **10** si envía este certificado al *IRS* y complete las líneas **8, 9** y **10** si lo envía al *State Directory of New Hires* (Directorio estatal de personas recién empleadas).	**9** Primera fecha de empleo	**10** Número de identificación del empleador (*EIN*)

Para el Aviso sobre la Ley de Confidencialidad de Información y la Ley de Reducción de Trámites, vea la página 6.   Cat. No. 38923Y   Formulario **W-4(SP)** (2019)

APÉNDICE E-3

Form. **W-9(SP)**

(Rev. octubre de 2018)
Department of the Treasury
Internal Revenue Service

Solicitud y Certificación del Número de Identificación del Contribuyente

▶ Visite *www.irs.gov/FormW9SP* para obtener las instrucciones y la información más reciente.

Entregue el formulario al solicitante. No lo envíe al *IRS*.

Escriba en letra de molde o a máquina.
Vea Instrucciones Específicas en la página 3.

1 Nombre (tal como aparece en su declaración de impuestos sobre el ingreso). Se le requiere anotar un nombre en esta línea; no deje esta línea en blanco.

2 Nombre del negocio/Nombre de la entidad no considerada como separada de su dueño, si es diferente al de arriba.

3 Marque el encasillado correspondiente para la clasificación tributaria federal de la persona cuyo nombre se indica en la línea **1.** Marque solo **uno** de los siguientes 7 encasillados:

☐ Individuo/empresario por cuenta propia o *LLC* de un solo miembro ☐ Sociedad anónima tipo C

☐ Sociedad anónima tipo S ☐ Sociedad colectiva ☐ Fideicomiso/caudal hereditario

☐ Cía. de responsabilidad limitada *(LLC).* Anote la clasificación tributaria (C=Soc. anónima tipo C, S=Soc. anónima tipo S, P=Soc. colectiva) ▶ _____

Nota: Marque el encasillado correspondiente en la línea anterior de la clasificación tributaria de la *LLC* de un solo miembro. No marque *LLC* si la *LLC* está clasificada como una de un solo miembro que no es considerada separada de su dueño, a menos que el dueño sea otra *LLC* que **no** es considerada separada de su dueño para propósitos tributarios federales estadounidenses. De lo contrario, vea las instrucciones en la página 3.

☐ Otro (vea las instrucciones) ▶

4 Exenciones (los códigos aplican solo a ciertas entidades, no a individuos; vea las instrucciones en la página 4):

Código de beneficiario exento (si alguno) _____

Código para la exención de la declaración conforme a *FATCA* (si alguno) _____

(aplica a las cuentas mantenidas fuera de los EE.UU.)

5 Dirección (número, calle y número de apartamento o de suite). Vea las instrucciones.

6 Ciudad, estado y código postal *(ZIP)*

Nombre y dirección del solicitante (opcional)

7 Anote el (los) número(s) de cuenta(s) aquí (opcional)

Parte I   Número de identificación del contribuyente *(TIN)*

Anote su número de identificación del contribuyente *(TIN,* por sus siglas en inglés) en el encasillado correspondiente. El *TIN* tiene que concordar con el nombre provisto en la línea **1** para evitar la retención adicional del impuesto. Para los individuos, este es, por lo general, su número de Seguro Social *(SSN,* por sus siglas en inglés). Sin embargo, para un extranjero residente, empresario por cuenta propia o entidad no considerada como separada de su dueño, vea las instrucciones para la Parte I, más adelante. Para otras entidades, es su número de identificación del empleador *(EIN,* por sus siglas en inglés). Si no tiene un número, vea **Cómo obtener un *TIN,*** más adelante.

Nota: Si la cuenta está a nombre de más de una persona, vea las instrucciones para la línea **1.** Vea también **Nombre y número que se le debe dar al solicitante** para recibir asesoramiento sobre cuál número debe anotar.

Número de Seguro Social

☐☐☐ – ☐☐ – ☐☐☐☐

o

Número de identificación del empleador

☐☐ – ☐☐☐☐☐☐☐

Parte II   Certificación

Bajo pena de perjurio, yo declaro que:

1. El número que aparece en este formulario es mi número de identificación de contribuyente correcto (o estoy esperando que me asignen un número) y

2. No estoy sujeto a la retención adicional de impuestos porque: (a) estoy exento de la retención adicional o (b) no he sido notificado por el Servicio de Impuestos Internos *(IRS,* por sus siglas en inglés) de que estoy sujeto a la retención adicional de impuestos como resultado de no declarar todos los intereses o dividendos o (c) el *IRS* me ha notificado que ya no estoy sujeto a la retención adicional y

3. Soy ciudadano de los EE.UU. u otra persona de los EE.UU. (definido después) y

4. El (Los) código(s) de la *Foreign Account Tax Compliance Act* (Ley de Cumplimiento Tributario para Cuentas Extranjeras o *FATCA,* por sus siglas en inglés) anotado(s) en este formulario (si alguno) indicando que estoy exento de declarar conforme a *FATCA* es el (son los) correcto(s).

Instrucciones para la certificación. Tiene que tachar la partida **2** anterior si el *IRS* le ha notificado que usted en estos momentos está sujeto a la retención adicional de impuestos porque no declaró todos los intereses y dividendos en su declaración de impuestos. Para las transacciones de bienes inmuebles, la partida **2** no corresponde. Para los intereses hipotecarios pagados, la adquisición o abandono de bienes asegurados, la cancelación de deudas, las contribuciones a un arreglo de jubilación individual *(IRA,* por sus siglas en inglés) y, por lo general, los pagos que no sean intereses y dividendos, no se le requiere firmar la certificación pero tiene que proveer su *TIN* correcto. Vea las instrucciones para la Parte II, más adelante.

Firme Aquí | Firma de la persona de los EE.UU. ▶   Fecha ▶

Instrucciones Generales

Las secciones a las cuales se hace referencia son del Código Federal de Impuestos Internos, a menos que se indique de otra manera.

Acontecimientos futuros. Si desea obtener información sobre los más recientes acontecimientos que afectan al Formulario W-9(SP) y sus instrucciones, tales como legislación promulgada después de que estos se han publicado, visite *www.irs.gov/FormW9SP*.

Propósito del formulario

Una persona o entidad (nombrada en el Formulario W-9(SP)) a quien se le requiera presentar una declaración informativa ante el *IRS* tiene que obtener su *TIN* correcto, el cual puede ser su *SSN*, número de identificación del contribuyente *(ITIN,* por sus siglas en inglés), número de identificación del contribuyente para adopción *(ATIN,* por sus siglas en inglés) o *EIN,* para declarar en una declaración informativa la cantidad pagada a usted u otra cantidad declarada en una declaración informativa. Ejemplos de declaraciones informativas incluyen, pero no se limitan a, los siguientes:

Cat. No. 38917U

Formulario **W-9(SP)** (Rev. 10-2018)

APÉNDICE E-4

ACUERDO DE CONFIDENCIALIDAD

Este acuerdo será interpretado bajo y gobernado por las leyes del estado de _____ y entre _____("Empleado/Contratista") y [Nombre de la iglesia] ("La iglesia") _____el día (fecha) _____20_____.

El individuo que llevará a cabo los servicios para la Iglesia tendrá acceso a información confidencial. Información confidencial es cualquier tipo de información y datos que afecten el funcionamiento financiero de la iglesia, posición económica y financiera de pastores, directores, miembros, etc. o cualquiera de sus bienes, productos, dibujos, planes, procesos u otros datos que generalmente no sean reconocidos o estén disponibles fuera de la iglesia.

Por lo tanto, para proteger la información confidencial que se divulgarán durante el término del empleo o el período del contrato, el empleado o contratista está de acuerdo con lo siguiente:

A. Toda la Información Confidencial que el empleado o contratista reciba, no será revelada o divulgada directa o indirectamente a ningún individuo y se debe mantener en estricta confidencia. Si en algunas situaciones especiales la Información Confidencial debe ser comunicada a terceros, entonces el empleado o contratista primero debe ser autorizado por escrito por la dirección de la iglesia.

B. Empleados y contratistas no deberán fotocopiar o duplicar la Información Confidencial para ningún propósito que no sea el desempeño de sus funciones para la iglesia.

C. Si el empleado o contratista renuncia, es despedido o termina la relación con la iglesia por cualquier razón, él o ella no debe divulgar ninguna información confidencial que fue obtenida cuando era empleado o contratista y no debe mantener registro o ningún documento de la iglesia y que sean considerados información confidencial.

D. La iglesia decidirá sobre quién es dueño de todos los registros de derechos de autor, patentes y el proceso de todas las invenciones, ideas, escritos y descubrimientos que el empleado o contratista haya desarrollado durante el período de empleo o contrato.

E. Si el empleado viola este contrato, la iglesia reserva el derecho a tomar acción disciplinaria, incluyendo el despido y aplicar sanciones civiles y/o penales.

F. Las disposiciones de este acuerdo son aplicables sólo en la medida en que no viole ninguna ley aplicable. Si este acuerdo viola cualquier ley aplicable, entonces, hará que este acuerdo no sea válido, ni ilegal ni obligatorio.

Al firmar abajo, reconozco que estoy de acuerdo con este Acuerdo Confidencial:

_____   _____

Fecha y firma del empleado   firma del representante de la iglesia

** Este acuerdo de confidencialidad es para los empleado, voluntario o contratistas que trabajan en la iglesia y NO se debe confundir con el acuerdo de confidencialidad que mencionamos en la sección de Acoso Sexual. Antes de entrar en este acuerdo con su empleado, voluntario o contratista, consulte a un abogado para asegurarse de que cumple con las leyes locales.

APPENDIX F - APÉNDICE F

(CHURCH NAME/NOMBRE DE IGLESIA) _____

INGRESOS Y GASTOS/INCOME AND EXPENSES - SUMARIZADO - SUMMARY

	Enero January	Febrero February	Marzo March	Abril April	Mayo May	Junio June	Julio July	Agosto August	Septiembre September	Octubre October	Noviembre November	Diciembre December	Total Total
INGRESOS/INCOME:													
Diezmos/Tithes													
Ofrendas/Offerings													
Pro Templo/Pro Temple													
Otros/Other													
TOTAL DE INGRESOS/ TOTAL INCOME													
GASTOS/EXPENSES:													
Benevolencias/Benevolence													
Diezmos al Concilio/ Tithes to the Council													
Escuela Dominical/Sunday School													
Misiones/Missions													
Servicios Especiales/Special Services													
Viajes/Travel													
Renta/Hipoteca/Rent/ Mortgage													
Intereses/Interest													
Luz, Gas, Telefono, /Utilities													
Seguros/Insurance													

	Enero / January	Febrero / February	Marzo / March	Abril / April	Mayo / May	Junio / June	Julio / July	Agosto / August	Septiembre / September	Octubre / October	Noviembre / November	Diciembre / December	Total / Total
Salarios al Pastor/Pastor Salary (W2)													
Otros Salarios/Other Salaries													
Impuestos Salariales/Payroll Taxes													
Ayuda Pastoral/Housing Allowance													
Rep. y Mantenimiento/ Repairs & Maint.													
Serv.Profesionales/ Professional Svces													
Automobiles/Automobile													
Amortización/Depreciation													
Contratistas/Contractors/(1099)													
Otros Gastos/Other Expenses													
Otros Gastos/Other Expenses													
TOTAL DE GASTOS/ TOTAL EXPENSES													
GANANCIA NETA/NET PROFIT													

	#1	#2	#3	#4	BALANCE FINAL EN EL BANCO/ ENDING BALANCE 12/31/___	#1	#2	#3	#4
BALANCE INICIAL EN EL BANCO/ INITIAL BANK BALANCE 1/1/___									

DEUDAS A PAGAR A 12/31/ / LIABILITIES AT 12/31		Balance final otras cuentas/Final Balance Other Accounts	
DEUDAS A COBRAR A 12/31/ / LIABILITIES AT 12/31			

ALISTAR COMPRAS MAYORES DE $1,000 (Edificio, autos, muebles, equipos) / List all purchases above $1,000 (Building, auto, furniture, equipment)	Edificio/Building	Automobiles	Muebles/ Furniture	Equipos/ Equipment	Other/ Otros	Other/ Otros	Other/ Otros

BIBLIOGRAPHY/ BIBLIOGRAFÍA

IRC Code and Regulations

IRC 501(c)3

Executive Orders 12947 and annex 13099

Revenue Ruling 68-489, 1968-2 C.B.210

Data from Dept. of State for Specially Designated Nationals and Blocked Person List and List of Sanctioned Countries.

Treasury Regulation 1.62-2

Form 1023, Appendix A – Sample Conflict of Interest Policy

Sarbanes Oxley Act

IRS forms and Instructions.

Forms: 945, 1023, 8274,8282,8283,990, W9, W4

Publications: 463, 517

Topic No. 305, 511

Bible (NIV)

New York State Website: ny.gov/programs/combating-sexual-harassment-workplace

Sections: Model Sexual Harassment Policy, Model Complaint Form, Sexual Harassment Prevention Policy Notice, FAQ and others.

Manual Financiero y Tributario, Paul E. Bellini, CPA